JN409041

# 1%만 더 – Go Again

「목회의 정석」 홍 피터 G3교회 목사 자서전

# 1%만 더
## Go Again

홍 피터 지음

book me 북앤미

CONTENTS

## 섬 소년 그리고 예수님

## 사람 낚는 어부

## 1% 더, 세계를 향한 피터 홍

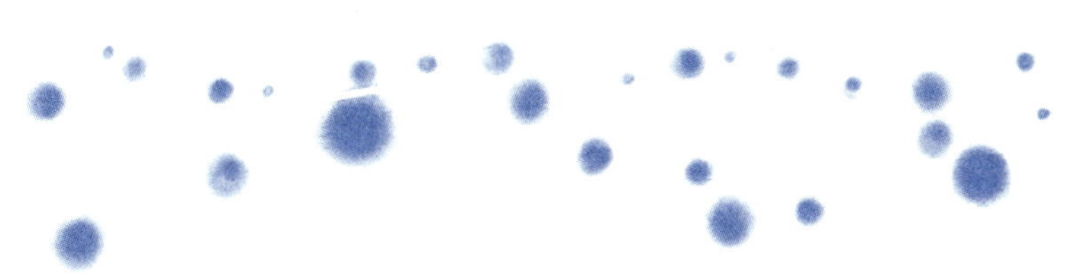

**제6막**

## 되돌아 보며, 날마다 순간순간 마다

Preface

# 하나님이 행하셨던 사건과 축복

야베스의 축복을 생각하면 지금도 가슴이 뛥니다. '고통'이라는 뜻의 이름을 가진 야베스의 인생을 축복하신 하나님이 어부의 가난한 아들에 불과했던 나를 축복하셔서 목사로 만드셨기 때문입니다. 그리고 하나님은 한국에서의 21년, 그리고 미국에서의 16년 목회를 끊임없이 부흥시키시고 축복하셨습니다.

이 글을 쓰면서 그동안 바쁜 목회 때문에 전혀 뒤를 돌아보지 못했던 지난 인생의 기억들을 되짚다보니 참으로 부끄럽고 부족한 점이 많았음을 새삼 깨닫게 됩니다. 그러나 오직 나의 최선은 교회 부흥과 세계 선교를 위해 열심히 뛰고 또 달리는 것이었습니다. 그 일은 나의 개인의 일이 아니고 오직 하나님의 일이고 하나님의 나라와 의를 구하는 것임을 알았기 때문입니다. 그래서 결코 요령을 부리거나 게으르지 않기 위해 나 자신을 채찍질하며 달려왔습니다. 이런 나의 작은 모습을 하나님은 보셨고 축복하셨음을 나는 고백하지 않을 수 없습니다.

목회를 할 때는 남다른 목회를 하고자 갖은 노력을 하였습니다. 1%만 더 최선을 다하기로 결심하고 실천하기를 지금까지 계속하여 왔습니다. 이런 나의 짧은 목회의 과정 속에서 순간순간 하나님이 행하셨던 사건들과 축복들을 꾸밈없이 모아 보았습니다. 그리하여 가난했고 불우하기만 하여 감추고만 싶었던 나의 어린 시절과 비천하게 살았던 청소년 시절을 숨김없이 내놓습니다. 어려운 조건에서 교회를 개척하고 수많은 고난을 통한 연단의 연속이었던 나의 목회 인생을 솔직하게 간증하는 형식으로 졸저를 냅니다.

바라기는 갖은 역경과 고난 속에서도 교회 개척과 목회 그리고 선교에 대한 비전을 가지고 열심히 뛰고 있는 목회자들에게 조그마한 힘과 위로가 되었으면 합니다. 그리고 성도들에게는 주어진 환경이나 조건이 아무리 어렵더라도 남보다 조금만 더하는 1%로 하나님만을 의지하여 나아간다면 반드시 길이 열리고 기적이 일어남을 확신하는 기회가 되기를 바랍니다.

Acknowledgments

# '나 된 것은 하나님의 은혜로 된 것이니…' (고전 15:10)

하나님은 주체할 수 없는 사랑으로 저에게 축복을 넘치도록 부어 주셨습니다. 하나님의 은혜와 사랑을 생각하니 감사와 감격, 그리고 기쁨의 눈물이 흐릅니다.

이 책이 나오기까지 선교의 사명으로 헌신한 G3교회 월드미션 전·현 단장 Donna 김 집사와 곽정화 집사에게 감사를 드립니다. 그리고 G3교회 온 성도들과 한국에서 힘써준 이영운 교수에게도 감사드립니다.

오늘의 목회가 있기까지 평생토록 험난한 시간을 한결같이 헌신과 기도로 함께한 사랑하는 아내 방효순, 사랑하는 아들 현민, 딸 윤경이에게 이 책을 바칩니다.

추천사

# “삶 자체가 하나님의 역사하심”

–홍기춘 목사의 저서 〈1%만 더〉 출판을 축하하며

이 상 직
전 호서대학교 부총장

홍기춘 목사님을 생각할 때면 영상처럼 스치는 인연의 끈들이 있습니다. 저와 홍 목사님 둘 다 신학생이던 시절 우리는 신촌성결교회에서 처음 만났습니다. 저는 이때부터 홍 목사님의 열정과 끼를 발견하였고 홍 목사님에게 사람들을 변화시키는 놀라운 재주가 있다는 것을 알게 되었습니다.

홍 목사님은 저에게 있어 기도의 동지였습니다. 저는 홍 목사님과 함께 도봉산 기도원의 큰 바위 위에서 밤새 기도하던 때를 기억합니다. 이때 홍 목사님은 오직 믿음 하나로 신학대학까지 왔지만 극한 어려움을 만났고 좌절할 수밖에 없는 상황이었습니다. 홍 목사님은 오직 하나님께 매달렸는데 그 후에 목사님이 두 번 다시 좌절하는 모습을 본 적이 없습니다. 이후, 목사님은 믿음으로 보이지 않는 것들을 증거하고 교회를 개척하고 부흥시켰습니다.

"작은 섬에서 어부의 아들로 태어나 사람 낚는 어부가 되었어"라고 친구인 제게 늘 하던 그 고백이 홍 목사님을 이끄는 하나님의 은혜의 끈이었지요.

제게 참 좋은 친구, 홍기춘 목사님의 목회와 부흥 사역, 그리고 불굴의 정신을 칭송하는 의미에서 선정된 명예신학박사 학위 수여를 진심으로 축하드립니다. 이와 함께 평생 목회의 현장에서 일어난 하나님의 역사를 책으로 출판하게 됨을 뜨거운 회상의 마음으로 축하드립니다.

# 예수님과 함께한 삶의 여정

**차광일 목사**
미주성결교회 총회장

책이 나왔습니다.

이 책은 자신의 신앙고백이며 간증입니다.

이 책은 예수님과 함께한 자신의 삶의 여정 입니다.

이 책은 살아계신 하나님의 기적과 역사하심을 보여줍니다.

이 책은 그래서 살아있습니다.

이 책을 읽으면서 나도 함께 이 여정 속에 동참하게 됩니다.

다시 한 번 피터 홍 목사님의 책 '1%만 더'

출간을 축하드립니다.

# 하나님 앞에 좀 더 가까이 가려 했기에…

류종길 목사
미주성결대학교 총장

피터 홍 목사님을 만나면 일단 그가 암송한 수많은 성경말씀들에 감탄하게 됩니다. 그러한 그의 모습은 자연스러운 신뢰로 이어지지요. 지금도 토막시간을 이용하여 조금이라도 시간만 나면 성경을 암송하는 그의 모습을 보노라면 크게 감동을 받습니다.

피터 홍 목사님이 성공한 모든 부분은 기도로 인한 것임을 압니다.

그의 부단한 노력으로부터 늘 새롭고 과감한 추진력이 나오고, 누구도 흉내 낼 수 없는 기적 또한 만들어지는 것 같습니다.

피터 홍 목사님은 황무지 맨 땅에서 오로지 기도를 통해 대교회로 성장시켰습니다. 뿐만 아니라 우리 교단의 교회가 전무한 텍사스 지역에 지방회를 만들 정도로 여러 교회를 개척하였습니다. 이제는 온 세계를 향하여 복음을 들고 나가는 교회들이 되었습니다.

하나님 앞에 좀 더 가까이 가려한 피터 홍 목사님의 간절한 믿음과 하나님의 전적인 역사하심이 고스란히 담겨있는 책 '1%만 더'의 출판을 진심으로 축하드립니다.

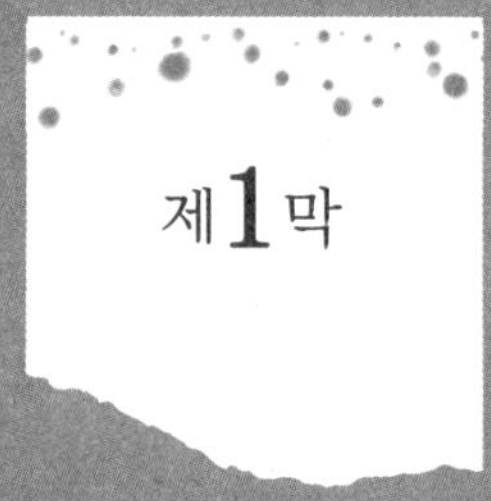


# 어부의 아들

'그러나 하나님께서 세상의 미련한 것들을 택하사 지혜 있는 자들을 부끄럽게 하려 하시고
세상의 약한 것들을 택하사 강한 것들을 부끄럽게 하려 하시며
하나님께서 세상의 천한 것들과 멸시 받는 것들과 없는 것들을 택하사
있는 것들을 폐하려 하시나니
이는 아무 육체도 하나님 앞에서 자랑하지 못하게 하려 하심이라'
고린도전서 1:27-29

# 물고기가 되고 싶었던 섬마을 소년

## 서해 외딴 섬, 내 고향 장자도

나의 아버지는 서해에서 고기를 잡는 어부였다. 내가 태어나 자란 장자도는 너무나 작은 섬이어서 섬 둘레를 모두 걸어도 반나절이면 충분했다. 아무리 둘러보아도 보이는 것은 몇 개의 바위섬과 망망대해 수평선이 아스라히 펼쳐진 모습이 전부였다. 해가 수평선 너머로 지는 것을 볼 때면 마치 해가 바닷속에 잠기는 것 같아 무척 신기해하곤 했다.

여름이면 바위에 속옷을 벗어 놓고 바다에 들어가 마음껏 놀곤 했다. 바닷물에서 나온 후, 바위에 몸을 쭈~욱 펴서 햇볕에 말리면 하얀 소금기가 온몸을 뒤덮었다. 가끔 대나무로 만든 낚싯대를 들고 바닷가의 바위를 돌아다니며 고기를 잡았고 바닷물이 빠질 때는 갯벌 위의 바위들을 들어 옮기며 게나 소라 등을 찾았다. 고기를 한 마리라도 발견하여 잡을 때는 뛸 듯이 기뻤다. 어부들이 해안가에서 그물을 펼쳐놓고 수선하거나 손질하는 모습은 아주 익숙한 광경이었다.

간혹 고기를 잡으러 바다에 나간 배들이 파도에 휩쓸려 어부들이 죽거나 돌아오지 못할 때가 있었다. 그런 날은 온 동네가 슬픔과 두려움에 잠기곤 했다. 남편이나 아버지를 잃은 가족들의 통곡소리는 작은 섬마을 전체를 슬프게 만들었다. 이런 속에서 바다는 아름답거나 마냥 좋은 것이 아니라 무서움과 공포의 대상이 될 수밖에 없었다. 죽은 시체를 찾지 못해 바다에 빠진 영혼을 위한 무당굿이 바닷가에서 이루어 질 때면 정말 무서웠다. 그래서인지 섬사람들은 많은 귀신들을 섬겼다. 특히 바다의 신이라고 믿는 용왕 신을 위해 떡과 생선 등의 여러 음식들을 바다에 던져 제사를 지내곤 했다. 바다에 생명을 걸고 고기를 잡는 어부들은 용왕 신을 노엽게 해서는 안 되고 용왕 신을 기쁘게 해야 고기를 많이 잡을 수 있다고 믿었던 것이다. 섬사람들은 가난과 굶주림으로 배를 움켜쥐고 살면서도 바다를 향하여 용왕 신께 제사 지낼 때는 풍성한 음식을 정성껏 준비하여 바다에 던졌다. 바위에서 바다를 향하여 제사를 드리고 음식물을 바다에 던지는 것을 볼 때마다 너무 배가 고팠던 나는 바다에 뛰어 들어가 건져 먹고 싶었다. 만약 내가 물고기가 될 수 있다면 저 바다에 던져진 음식들을 먹을 수 있을 텐데 하고 아쉬워하며….

어릴 때 쓰던 고향주소: 전라북도 옥구군 미면 고군산 장자도 7번지

## 굶주림 … 미국에 대한 동경

내가 어렸던 6.25전쟁 직후에는 나라 전체가 경제적으로 힘든 시기였지만 낙후된 섬에서의 생활은 더욱 어려웠다. 너도 나도 배고프고 굶주렸다. 제대로 먹지 못하다 보니 육체적인 성장마저 더디었다. 배고픔을 참다 보면 어떤 때는 코피가 터지기도 했다. 물만 마시고 배고픈 배를 움켜쥐고 국민학교(초등학교)를 다녔다. 그당시 나의 간절한 소원은 흰 쌀밥 한 그릇이라도 실컷 먹는 일이었다.

화장실은 새우젓 같은 젓갈류를 담았다가 못 쓰게 된 독을 세워 만들었다. 화장실 지붕은 하늘이었고 화장실을 가리는 벽은 가마니가 전부였다. 그러나 그 가마니조차 얼마 되지 않아 앙상한 새끼줄만 남게 된다. 화장실에서 볼일을 보고 나올 때마다 가마니의 짚을 뽑아 화장지 대신에 사용하였기 때문이었다. 비가 오는 날은 화장실 가기가 너무 싫었다. 하늘이 지붕인지라 비가 오면 화장실 변기의 독에는 물이 가득 차 볼일을 볼 때마다 더러운 오물이 튀어 엉덩이를 적셨기 때문이다. 더욱이 화장지도 없어 벽으로 둘러 처진 가마니에서 볏짚을 뽑아 써야 하는 상황이었으니 어린 마음에 얼마나 가기 싫었겠는가.

겨울에는 몸에 굼실거리는 이가 고역이었다. 화롯불이 있는 호롱불 등잔 아래서 구호물자로 받아 입던 속옷을 뒤집어 이를 잡았다. 엄지 양손으로 이를 눌러 죽이다 보면 엄지손가락에 피와 이 껍질이 묻었다. 기어 다니는 이를 화롯불에 던지면 톡 톡 하는 소리가 재미있기도 했다. 더 큰 재미는 이의 알인 석회라 불리는 것을 잡는 일이었다. 호롱불 등잔 작은 불꽃에 내복을 적당하게 대면서 돌리면 이 알들이 '따따닥' 하고 타는 소리가 들렸다. 내복 깊은 곳에 있는 알을 잡으려고 호롱불에 너무 가까이 하면 옷이 타버릴 수 있어 이가 까놓은 알들이 있는 속옷을 뒤집어 입에 물고 어금니로 옷을 씹기도 했다. 이때, 알들이 톡톡톡 터지곤 했다.

당시 미국에서 보내온 헌 옷과 강냉이가루, 밀가루, 우유 등 구호물자들로 간신히 입고 먹을 수 있었다. 헌 옷 보따리가 펼쳐질 때 한번은, 헌 청바지가 보였다. 너무나 신기하고 좋아서 갖고 싶었다. 다른 사람이 분배 받아 가져갔을 때 아쉬움만 가득했다. 미국에서 보내준 구호물자들을 보면서 나도 모르게 미국에 대한 동경의 싹이 텄는지도 모른다. '과연 미국은 어떤 나라일까? 가난한 우리들에게 저렇게 많은 것을 주고 있는 풍성한 나라, 아주 잘 사는 부자나라일 것이다'라고 어린마음에 동경하기 시작했다.

## 섬 소년이 미주성결교회 총회장이 되어 OMS 설교

나는 지난 2008년 미주성결교회 제 29회 총회장의 자격으로 인디애나폴리스 OMS(Oriental Mission Society:동양선교회) 총회본부에 2박3일 동안 머무른 적이 있다. 이는 미주성결교회와 OMS 세계선교회와의 선교협력을 체결하기 위한 것으로 방문기간 동안 OMS 본부 한국담당 임원들과 만나 선교협력 체결을 성공적으로 마쳤다.

인디애나 폴리스에 있는 OMS는 100년이 넘게 세계선교를 해온 기관이다. OMS에는 기도의 거장 듀엘 박사를 비롯한 영성의 거장들, 세계적인 석학들이 기도하며 세계 선교 계획을 총 지휘하고 있다. OMS 선교단체는 한국전쟁 이후 어려움을 겪고 있는 한국의 여러 지역에 구호물자와 음식 등을 보내주었다. 내가 살던 섬 지역에도 OMS가 보낸 구호품들이 들어와 섬마을 사람들의 생활에 큰 도움을 주었다. 당연히 나 또한 어린 시절 이 구호품을 먹고 입은 덕분에 살아갈 수 있었다.

OMS 본부를 방문했을 때. (앞줄 가운데가 필자)

그런 내가 미주성결교회 총회장이 되어 OMS 총회본부를 방문하였으니 그 감격이 어떠하였겠는가? 방문 마지막 날, OMS 본부 전 직원이 모

미주성결교회 총회장으로서 OMS 본부를 방문했을 때. (왼쪽에서 두 번째가 필자)

여 예배를 드릴 때 총회장의 자격으로 설교를 하게된 나는 나의 어린 시절을 회상했다.

"나는 가난한 어부의 아들로 태어나 항상 배가 고팠던 소년이었습니다. 배고프고 힘들었을 때 OMS의 여러분이 구호물자로 보내주신 구호 옷을 입고 구호양식인 강냉이가루와 밀가루, 우유가루를 먹고 살았습니다. 그 소년이 자라 지금 목사가 되었습니다. 그것도 고군산 군도 섬들이 생긴 이래 처음으로 목사가 되었습니다. 29대 미주성결교회의 총회장이 되어 이렇게 여러분들 앞에서 설교를 하게 된 기회를 빌어 감사의 인사를 드립니다."

이 말이 끝나자 OMS의 모든 사람들은 우레와 같은 박수를 보내주었다.

# 엄마 없는
# 어린 시절

## 보고 싶은 나의 엄마

내가 엄마를 찾기 시작했을 때, 엄마는 이미 내 곁에 안계셨다. 엄마가 세상을 떠났을 때 나는 두 살, 형은 네 살이었다. 형과 나는 엄마의 얼굴을 전혀 떠올릴 수가 없다. 다른 사람들이 엄마, 엄마하고 부를 때면 너무 부러웠고 슬펐다.

훗날 독일 부흥집회를 위해 달라스 공항에서 비행기를 기다리며 타미 워커의 '나를 지으신 주님'이라는 찬양을 듣게 되었다. 이 찬양을 듣는 순간 나도 모르게 엄마에 대한 그리움에 흠뻑 젖어 울고 말았다.

나를 지으신 주님 , 내 안에 계셔
처음부터 내 삶은 그의 손에 있었죠

내 이름 아시죠 내 모든 생각도
내 흐르는 눈물 그가 닦아 주셨죠

그는 내 아버지 난 그의 소유
내가 어딜 가든지 날 떠나지 않죠

내 이름 아시죠 내 모든 생각도
아바라 부를 때 그가 들으시죠

엄마를 데려갈 것도 하나님은 이미 알고 계셨지요?
내가 목사가 될 것도 하나님은 이미 알고 계셨지요?
흐르는 눈물을 주체할 수 없구나….
엄마, 엄마… 보고 싶은 나의 엄마….
지금 저는 목사가 되어 전 세계부흥회를 인도하러 다니고
있어요….
오늘은 독일로 가려고 공항에서 비행기를 기다리고 있어요….
오늘따라 엄마 생각이 너무 나네요….
엄마가 계셨더라면 제가 얼마나 잘 모셨을까요…?
무서운 바다에서 고통당하시며 숨을 거두실 때 23세의 꽃다운

나이셨다지요…?

우리 엄마, 보고 싶은 우리 엄마, 한없이 맘껏 불러보고 싶은 우리 엄마….

사랑해요… 사랑해요….

엄마는 아버지의 형제 두 분과 함께 작은 배를 타고 다른 섬에 가셨다가 돌아오시던 길에 거센 바람과 파도에 휩쓸려 그만 흔적조차 없이 사라지셨다. 당시 내가 자란 섬은 너무 작아서 다른 이웃 큰 섬에서 땔감이나 물을 가져와야 했다. 엄마도 그런 사정으로 아주 작은 허름한 배를 타고 다른 섬을 다녀오시다 비명에 하늘나라에 가신 것이다. 그때 엄마 나이 23세, 꽃다운 나이셨다. 지금도 엄마를 생각하면 가슴이 저미어 흐르는 눈물을 주체할 수 없다. 뼈에 사무치도록 한없이 그립다.

많은 엄마들이 그렇듯이 우리 엄마도 형과 나를 얼마나 사랑하셨을까? 다른 엄마들처럼 우리 얼굴에 뽀뽀하며 "예쁜 우리 아가들아, 엄마는 작은 아빠들과 함께 얼른 다녀올게. 할머니와 함께 잘 있어…"라며 헤어진 것이 이 세상에서 영영 마지막이 될 줄이야…. 바닷물이 배를 삼킬 때 엄마는 아직 젖도 떼지 못한 나와 형을 생각하며 얼마나 그 고통에 울었을까?

내가 눈을 감고 주님나라에 갈 때까지 나의 엄마 생각은 내 마음에서 결코 지울 수 없을 것이다. 그렇게 영영 엄마는 바닷속 깊은 곳에 가셨다. 엄마 생각이 뼈저리게 사무칠 때면 무덤에라도 찾아가 실컷 울며 엄마, 엄마 하고 부르고 싶지만 무덤도 없기에 그럴 수도 없다. 눈만 뜨면 서해 바다가 보인다. 바로 엄마를 삼켜버린 밉고 야속한 바다 ….

나는 주님 앞에선 눈물을 많이 보였다. 하지만 세상을 향해서는 슬픔도 눈물도 다 감추었다. 어려운 환경 속에서 험한 세상을 헤쳐 가려면 강해야 했기 때문이다. 일부러 내 마음을 감추며 두 얼굴로 살았는지도 모른다. 일부러 엄마생각을 지워도 보며 감추며 산 것 같다. 이 책을 쓰면서 평생 처음으로 엄마, 엄마 내 사랑하는 울 엄마~ 하고 목놓아 불러본다.

어머니 사진 (둘째줄 맨 오른쪽이 어머니)

## 엄마가 훌쩍 떠나신 후

엄마는 그렇게 훌쩍 떠나 가셨다. 그리고 나는 할머니의 빈 젖을 빨며 자랐다. 동네 사람들은 엄마 없이 키우기엔 너무 어리고 먹을 것도 없어서 얼마 살지 못하고 죽을 것이라고 했단다. 당시에는 우유가 없어 갓난아이에게 먹일 만한 것이 없었기 때문이다. 그래서인지 할머니는 나에게 혼신의 힘을 다 쏟으셨다. 고모님도 다니던 국민학교를 그만두시고 아기인 나를 업어 키워주셨다.

할머니는 어떤 일이 있어도 형과 나를 섬이 아닌 뭍(육지)으로 내보내시려고 애를 쓰셨다. 형과 나만큼은 고기 잡는 어부가 되는 것을 원치 않으셨다. 그래서 할머니는 어려운 형편에도 형을 군산의 학교로 보냈다. 나까지는 힘에 부쳐 보내지 못하셨다. 당시 섬의 상황은 육지로 학교를 가지 않으면 어부의 길을 가야만 했다. 가난한 섬 생활에서는 할 수 있는 한 소년들도 가까운 바다에 나가 오징어 잡는 일을 하여 적은 돈을 받곤 했다. 그러나 아무리 굶어도 손자들은 절대로 어부의 삶을 살게 하지 않으리라는 할머니 밑에서 자란 나는 다른 아이들과 달리 바다에 나가 돈을 벌지 않아도 되었다.

## 내 할머니

그래서 나는 군산으로 나가기까지의 공백 기간에도 할머니 품에서 보호를 받았다. 할머니는 내게 어머니였다. 국민학교를 졸업할 때까지 나는 할머니 젖을 빨고 할머니 치맛자락을 붙들고 다녔다. 할머니는 내 삶의 전부였다.

이런 할머니의 사랑은 사춘기 동안 나를 흔들리지 않게 잡아주었다. 후에 할머니는 예수님을 영접하시고 잘 믿으시다가 집사님이 되셔서 천국에 가셨다. 할머니가 천국에 가시고 난 뒤 나는 한동안 어디에 마음을 두어야 할지 몰랐다. 외로움과 허전함에 어찌할 바를 몰랐다. 그만큼 할머니가 안 계신 자리는 내게 너무나 컸다.

'할머니, 할머니, 지금 천국에 계시지요. 천국에서도 손자들 때문에 기도하시느라 바쁘시지요? 할머니 기도 때문에 어부의 아들이 사람 낚는 어부가 되어 처음으로 엄마 이야기, 할머니 이야기를 밝히고 있습니다. 그렇게도 손자들을 사랑하셨던 할머니 사랑합니다. 감사합니다. 할머니, 훗날 천국에서 뵈면 더 사랑 많이 해주세요.'

손자를 어부의 자식으로 만들지 않겠다는 할머니의 뜻이 있었기에 나는 작은 섬 출신이면서도 예수님을 만나는 절호의 기회를 가질 수 있었다.

어려운 환경에서 보낸 어린 시절은 나를 소심하게 만들었다. 슬픔으로 인한 절망과 좌절은 내 마음을 온통 어두움에 사로잡히게 만들었다. 어린 시절, 나는 전혀 소망이 없었다. 꿈도 없었다. 어떤 때는 엄마를 삼킨 바다를 바라보면서 뛰어 들어가 죽고 싶은 마음도 있었다. 내 삶의 모든 환경들이 절망적이었기 때문이었다. 아내와 결혼하여 가정을 이루고 자식을 둔 뒤에야 엄마 생각에 대한 한을 조금이나마 삭힐 수가 있었다. 결혼 전엔 쓸쓸하고 허전하고 안정이 되지 않았다. 비가 오는 날이면 더욱 우울했다.

## 내 새어머니

엄마가 꽃다운 나이에 떠나신 후, 아버지는 다시 결혼을 하셨고 새어머니가 오셨다. 그리고 3남 2녀를 낳으셨다. 나는 새어머니를 존경하고 최선을 다하여 잘 섬겼다. 예수님이 내 마음 속에 계셨기 때문이다. 나의 자녀들에게도 새엄마라고 알리지 않았다.

한국에서 목회할 때 명절이면 아이들을 데리고 먼저 어머니를 찾아뵙고 어머니 옆에서 잠을 잤다. 할머니가 아빠의 새엄마라는 사실을 아이들이 눈치 채지 못하게 하려고 일부러 그렇게 했다. 어린 아이들이기에 솔직한 질문을 한다. "왜 할머니와 아빠의 얼굴이 달라?" 나는 "다를 수도 있는 거야" 라고 답해주었다.

내가 예수님을 알고 목사가 되었기에 새 어머니도 친어머니처럼 공경하여야 한다고 생각하였고 아내도 같은 마음이었다. 나를 낳으신 어머니처럼 생각하고 최선을 다하여 섬겼다. 그래서 어머니는 배 아파 낳으신 자식들보다 나와 아내를 더 좋아하셨다. 2014년 3월 16일, 텍사스 G3교회 창립 16주년에 담임목사인 나는 명예 신학박사 학위를 받는다. 이날 어머니가 낳으신 동생도 나와 함께 장로 장립을 받는다. 이 얼마나 하나님의 축복이며 감사할 일인가.

어머니는 가난한 어부이신 아버님을 만나 3남 2녀를 낳고 키우시며 온갖 고생을 하셨다. 그러나 더욱 더 감사한 것은 어머니가 예수님을 영접하시고 신앙생활을 잘 하시다가 집사님이 되어 천국에 가신 것이다.

## 내 아버지

아버지는 너무 가난한 어부이셨기 때문에 나는 자라면서 아버지로부터 큰 도움을 받지 못했다. 그러나 아버지를 원망하거나 미워한 적은 단 한 번도 없었다. 당시 섬의 어부들의 형편이 다 가난하고 어려웠기 때문이다. 그러나 내 아버지는 주어진 환경을 극복하지 못하고 결국 고기잡이배를 타시다가 파도에 떠밀려 바다에서 돌아가셨다. 내가 군 복무 중에 아버지의 사망소식을 듣고 섬에 갔을 때, 아버지는 이미 돌아가시고 무덤에 묻힌 상태였다. 일제시대에 교육을 받은 아버지는 동력선의 기관사로 일하셨다. 나중에는 평범한 어부로 배를 타셨다. 문맹률이 높았던 당시 섬마을의 이장 일을 보시기도 했다. 그런 아버지는 국민학교에서 좋은 성적으로 항상 선생님들의 칭찬을 받았던 두 아들을 더 많이 교육시키지 못해 마음 아파하셨다. 아버지의 마음을 헤아리고 있는 형과 나는 한 번도 아

필자의 어린 시절 모습

버지를 원망하거나 탓한 적이 없다. 가난해서 못 가르치시는 아버지의 심정은 얼마나 더 아프셨을까?

나는 육신적으론 불행했다. 엄마와 아버지 모두 바다에서 돌아가셨다. 이처럼 불행했던 내가 예수님을 만나지 않았다면 지금 어떻게 되었을까?

# 야베스의
# 축복을 따라서

내 인생을 비춰볼 때, 야베스의 삶이 나와 가장 친근하게 느껴진다. 야베스는 그 이름부터 '고통스럽다'라는 의미이다. 그러나 야베스는 하나님을 만나 기도하여 천한 인생을 축복으로 역전시켰다.

> '야베스는 그의 형제보다 귀중한 자라 그의 어머니가 이름하여 이르되 야베스라 하였으니 이는 내가 수고로이 낳았다 함이었더라 야베스가 이스라엘 하나님께 아뢰어 이르되 주께서 내게 복을 주시려거든 나의 지역을 넓히시고 주의 손으로 나를 도우사 나로 환난을 벗어나 내게 근심이 없게 하옵소서 하였더니 하나님이 그가 구하는 것을 허락하셨더라' 역대상 4:9-10

어부의 아들로 태어나 가난하고 비천했던 나를 택하여 축복하시고 들어 쓰신, 주체할 수 없는 하나님 은혜와 축복을 받았다는 측면에서 야베스와 동질감을 느낀다. 하나님께서는 미천한 자를 들어 쓰시고 가난한 자를 축복하시는 하나님이심을 깊이 신뢰하게 되었다. 그래서 나는 항상 내가 받은 야베스의 축복을 생각하며 고린도전서 1장 27~29절까지의 말씀을 항상 마음에 새기고 있다.

> '그러나 하나님께서 세상의 미련한 것들을 택하사 지혜 있는 자들을 부끄럽게 하려 하시고 세상의 약한 것들을 택하사 강한 것들을 부끄럽게 하려 하시며 하나님께서 세상의 천한 것들과 멸시 받는 것들과 없는 것들을 택하사 있는 것들을 폐하려 하시나니 이는 아무 육체도 하나님 앞에서 자랑하지 못하게 하려 하심이라' 고린도전서 1:27-29

# 섬 소년 그리고 예수님

'다니엘은 뜻을 정하여 왕의 진미와 그의 마시는 포도주로
자기를 더럽히지 아니하리라 하고…'
다니엘 1장 8절

'다니엘이 이 조서에 왕의 도장이 찍힌 것을 알고도
자기 집에 돌아가서는 윗방에 올라가
예루살렘으로 향한 창문을 열고 전에 하던 대로
하루 세 번씩 무릎을 꿇고 기도하며 그의 하나님께 감사하였더라'
다니엘 6장 10절

# 소금창고에서 만난 예수님

## 세상이 온통 밝아지는 느낌

어느 해 겨울 저녁, 도시에서 유명한 분이 오셨다는 소문이 작은 섬 마을에 퍼져 찾아간 곳은 소금 창고를 개조해 만든 예배당이었다. 나중에 알았지만 그분은 서울 체부동교회에서 목회하시던 황경찬 목사님이셨다. 황 목사님은 고군산군도 여러 섬에 개척되어 있는 성결교회를 다니며 하루 저녁씩 부흥집회를 인도하셨다. 당시 나는 말씀을 듣다가 가슴에 밀려오는 새로운 무언가를 분명하게 느꼈다. 아무것도 모르는 어린 나이에 저녁부흥회에 참석하였다가 예수님을 만난 것이다. 소금창고 예배당은 소금기가 줄줄 흐르는 그야말로 소금 바닥이었다. 희미하게 매달린 석유기름의 호야등은 그

을음으로 가득했다. 그런 환경에서 나는 맨 뒷자리에 앉아 말씀을 듣다가 예수님을 처음으로 만났다. 예수님께서 내 마음에 오셨다. 그러자 꿈이 생겼다. 세상이 온통 밝아지는 느낌이 들었다.

어린 나에게 큰 은혜를 주신 분은 성결교단의 부흥강사이신 이성봉 목사님이었다. 이성봉 목사님은 교파를 초월한 한국의 훌륭하신 부흥강사였다. 하루에 한 섬씩을 다니시며 일일부흥회를 인도하셨다. 나는 그 분이 장자도의 옆 섬인 선유도에서 부흥회를 인도하실 때도 참석했다. 그 때 나는 엄청난 충격을 받았다. 천사가 나타나 말씀을 전하는 줄 착각할 정도였다. 환하게 빛나는 얼굴 표정, 열정적으로 전하는 말씀과 설교 중간 중간에 부르시는 찬양은 마치 천상에 사는 천사와도 같았다. 목사님의 얼굴만 뵈어도 은혜가 되었다. 너무 황홀하고 기뻤다.

## 회개 그리고 꿈

예수님을 만나자 지금까지 지은 모든 죄가 생각났다. 곧 회개가 시작되었다. 당시 할머니 여전도사님이 예배를 인도하셨다. 할머니 여전도사님이 선포하시는 느릿느릿한 말씀은 꿀처럼 달았다. 내 마음에 기쁨이 샘솟았다. 소망이 생기고 힘이 솟아났다. 그리고 기도하고 싶은 마음이 불같이 일었다. 그래서 소금창고를 개조해 만든 교회의 소금기 서린 바닥에 무릎을 꿇고 기도하기 시작했다.

예수님을 만나기 전에는 나의 모든 환경과 조건이 절망과 좌절뿐이었다. 꿈과 희망이란 나와 전혀 상관없는 먼 나라 이야기인 줄 알았다. 그러나 매일 밤 무릎으로 기도할 때 평강이 강물처럼 밀려왔다. 예수님이 나를 위해 십자가에 죽으시고 부활하신 것이 믿어졌다. 하나님께서 살아계심을 확신하게 되었다. 그래서 하나님께 무릎 꿇고 기도하기 시작했다. 기도하면 하면 할수록 살아계신 하나님이 반드시 나를 도와주시리라는 믿음이 강해졌다.

그러자 처음으로 마음에 꿈이 생겼다. 그 꿈은 목사님이 되는 것이었다. 당시 나의 환경은 결코 목사님이 되는 길을 갈 수 없을 정도로 혹독하였지만 기도하면 하나님이 반드시 목사님이 되게 해주실 것이라는 믿음이 내 마음을 가득 채웠다.

# 장자도
# 섬 교회

한국전쟁 이후 어려운 경제 환경 속에서 장자도 섬은 문명의 사각지대에 있었고 우상이 만연했다. 사람이 죽으면 시체를 땅에 매장하지 않았다. 초분이라 하여 볏짚 같은 것으로 지붕을 만들어 해변 위에 시체를 놓고 덮어놓는 식으로 장례가 치러졌다. 초분들이 있는 해변 근처는 너무 무서워서 가까이 가지 못했다. 저녁 즈음에 야트막한 산언덕을 넘어갈 때면 초분 있는 곳을 보지 못하고 무서움에 빨리 달려갔다.

당시 군산 중동성결교회 담임하시던 김용은 목사님은 고군산군도 섬들의 무지함을 깨우치고, 예수님의 복음을 전하신 끝에 장자도를 비롯한 8곳에 성결교회를 개척하셨다. 그렇게 하여 고군산군도 섬 성결교회들이 탄생되었다. 교회들은 대부분 초가집이나 창고

1961년 당시 사진에 사람들 뒤로 산소통이 매달아 있는 모습이 희미하게 보인다. 사진 속 산소통이 필자가 치던 산소통은 아니지만 당시 산소통이 이렇듯 예배 시간을 알리는 종으로 쓰였다.

등에서 겨우 예배를 드리는 정도였다.

나의 모교회인 장자도 교회도 소금을 쌓아 두었던 폐창고를 개조해 만들었다. 그 창고는 본래 고기잡이에 사용할 소금이나 잡동사니 등의 물건을 쌓아두었던 곳이었다. 오랜 세월동안 소금을 넣어 두었던 바닥은 소금기로 절어 있었다. 창고 예배당은 베니어판으로 엉성하게 만들어 천을 덮어씌운 강대상과 헌금바구니 한 개, 석유 기름을 태우는 천정에 매달린 호야등 두 개가 전부였다.

창고 밖에는, 반으로 잘린 산소통이 나무에 매달려 있었다. 이 산소통은 예배 시간을 알리는 종이었다. 당시에는 시계가 없었으므로 할머니 여전도사님이 저녁이나 새벽에 적당히 산소통의 종을 울리셨다. 나무 몽둥이로 산소통을 때리면 "땅 땅 땅" 하고 소리가 났

장자도 교회

장자도 옛모습

다. 어린 나는 할머니 전도사님이 종을 두드리는 것을 볼 때마다 그 모습이 안타까웠다. 주님을 사랑하는 뜨거운 마음으로 가득 차 있었기에 내가 종을 치겠다고 했다. 할머니 여전도사님은 어린 네가 나무 몽둥이로 산소통을 때리기는 힘에 부칠 텐데 할 수 있겠느냐고 물으셨다.

"네 할 수 있습니다. 어리지만 나도 할머니 전도사님처럼 종을 칠 수 있습니다."

나는 할머니 전도사님의 허락을 받고 산소통을 쳤다. 나무 몽둥이로 산소통을 때리며 매일 새벽기도회와 다른 예배시간을 알렸다.

두터운 산소통을 때리다 보면 나무 몽둥이는 얼마 못가 부서지고 말았다. 그런데 새벽에 산소통을 때리다 보면 "땅땅, 땅땅"소리가 내 귀엔 "천당, 천당"으로 들렸다.

그렇게 예배시간을 알렸다. 예배를 다 드리고 나면 예배당을 밝힌 호야등은 기름이 다 떨어지고 유리는 꺼멓게 그을어 있었다. 나는 그을은 유리를 닦아주고 기름을 다시 채워 다음 예배 시간 때에 불을 환하게 밝히도록 했다. 나는 고향을 떠나는 날까지 산소통을 때리며 호야등을 닦고 기름을 채우며 기쁨으로 봉사했다. 예수님을 만난 내 마음은 예수님을 위해서라면, 교회를 위해서라면 무엇이든지 하고 싶었다.

# 한밤중에 직접 본 불같은 성령님의 역사

나는 예수님을 사랑하는 마음이 정말로 뜨거웠다. 예수님을 위해 무엇인가 드리고 싶고 봉사하고 싶은 마음을 주체할 수가 없었다. 그러나 나는 어린 소년이었던 데다 가난한 어부의 아들이었기에 아무 것도 예수님께 드릴 수가 없었다. 헌금바구니를 바라볼 때는 내 몸뚱이라도 뛰어 들어가 예수님께 드리고 싶은 불같은 마음이었다. 십일조 헌금이 하나님의 것이라는 말씀을 듣고 알았을 때는 너무 드리고 싶었다. 그래서 조그마한 통에 '십일조 헌금'이라고 붙이고 돈을 모아보려고 했지만 한 번도 드리지 못했다. 가난하고 배고픈 섬 소년에게는 돈을 모을 길이 전혀 없었기 때문이었다.

저녁에 교회에 가서 기도는 하고 싶은데 한밤중 불빛도 없고 인적도 없는 깜깜한 소금창고 교회가 내게는 너무 무서웠다. 그래서 해가 떨어지기 전에 창고교회에 들어갔다. 베니어판으로 만든 작은 강대상 안쪽에 몸을 웅크린 채 무릎을 꿇으면 작은 내 몸이 그 안에 딱 맞았다. 그 때부터 무릎으로 기도하다 보면 시간 가는 것도, 밤이 깊어지는 것도 몰랐기에 무섭지 않았다. 어린 내 마음에 으스스하고 적막하며 허름한 창고는, 교회라는 이름만 없으면 귀신이 나올 것 같은 생각이 들어 때로는 무섭기도 했다. 그래서 교회 안에 들어가면 무서운 마음에 얼른 사람들이 허름하게 대충 만든 아주 작은 강대상 안으로 들어가 눈을 딱 감았다. 그래야 아무것도 보이지 않아 무서움이 덜했기 때문이다. 눈을 꼭 감고 기도하면 그 후엔 깜깜한 밤이지만 덜 무서웠다. 섬을 떠나서 뭍으로 나가는 날까지 기도는 매일 밤 계속 되었다. 다리가 끊어질 듯 아팠지만 비비면서 무릎을 풀지 않았다. 어렸기에 무릎을 꿇는 것이 가능했던 것 같다. 기도하고 나올 때는 깜깜한 밤이었다. 그러나 내 마음은 예수님이 나와 함께 하신다는 확신과 평강으로 가득 차 있었다. 그리고 예수님이 나의 갈 길을 인도하시며 꼭 목사님이 되게 하실 것이라고 확신하게 되었다.

그러던 어느 날이었다. 그 날도 깜깜한 밤에 강대상 속에서 웅크린 채 무릎을 꿇고 기도했다. 그런데 눈을 꼭 감고 기도하던 내 앞에 갑작스레 크고 둥그런 불덩어리가 나타났다. 그 둥그런 불덩어리 전체에서는 불꽃이 사방으로 “팍 팍” 튀어 나오고 있었다. 마치 불덩이 해가 불을 뿜어내는 현상이었다. 그 불덩어리는 내게로 다가 왔다. 당시에는 너무 어렸으며 말씀도 전혀 모르는 상태로, 예수님이 내 속에 오셨다는 기쁨뿐이었기에 그 엄청난 불덩어리 환상이 무엇인지 몰랐다. 나중에야 그 불덩어리가 초대교회에 불같이 임하신 성령님의 역사인 것을 알게 되었다. 그 때 딱 한번 그런 엄청난 환상을 본 이후로 다시 보지 못했다. 마치 사도행전 2장에 나타난 오순절 마가 다락방에 임하신 성령의 불같은 역사를 체험한 것이었다.

# 목사님이 되고 싶습니다

절망과 좌절에 몸부림치던 나에게 예수님이 오시자, 꿈이 생겼고 꿈을 위해 기도하기 시작했다. 두 주먹을 불끈 쥐었다. 힘이 솟아났다. 온통 어둡고 우울하기만 했던 바다가 예수님을 만난 뒤로는 꿈의 바다로 보였다. 나의 환경 대신에 예수님이 보였기 때문이다. 한번은 나지막한 산 위에서 무릎을 꿇고 기도하는데 하나님이 내 기도에 응답하시고 내 기도가 하늘로 직접 올라가는 뜨거운 체험을 했다. 그러한 체험 후에 나는 산 위에서 바다를 바라보면서 기도에서 받은 힘과 희열로 혼자 웃고 감사의 눈물을 흘렸다.

"하나님, 목사님이 되고 싶습니다. 반드시 나를 목사님이 되게 하실 것을 믿습니다."

섬들을 선교 차 방문하는 미국선교사님을 볼 때면, 혹시라도 껌이나 초콜릿 같은 군것질거리를 받을 수 있지나 않을까 하는 마음에 곁을 어슬렁거리기도 했다. 미국 선교사님을 볼 때, 너무 위대하게 보였고 풍족하게 보였다. 저 분들이 살고 있는 미국 땅은 어떤 곳일까? 나도 미국이라는 곳을 한번 가보면 얼마나 좋을까? 미국에 가고 싶은 꿈도 가져봤다. 환경은 절망적인데 그런 엉뚱한 생각을 하고 있었다. 그것은 예수님을 절대적으로 믿고 기도했기에 가질 수 있는 생각이었는지 모른다.

당시에는 성경책을 구하기가 정말 어려웠다. 구할 수 있는 돈도 없었다. 그러나 다행히도 한 권의 쪽복음서(마태복음 마가복음 누가복음 등이 한권으로 되어 있는 성경책. 아마 현재는 없을 듯)를 무료로 구할 수 있었다. 쪽복음서의 말씀을 읽다가 예수님 제자인 베드로가 갈릴리 바다에서 고기 잡는 어부라는 말씀에 마음이 끌렸다. 내 아버지도 고기 잡는 어부고 나는 어부의 아들. 이렇게 베드로와 동질감을 갖게 되자 베드로가 너무 좋아졌다. 어부 베드로가 고기 잡던 갈릴리 바다가 궁금했다. 한번 꼭 그곳에 가보고 싶었다.

후에 서울에서 목회하던 중, 1986년 연세대 신학대학원에서 주최한 성서지리연구 세미나 팀에 합류하게 되었다. 초대 일곱 교회가 시작된 터키와 그리스를 찾아 갔으며 이집트부터 시작하여 요르단을 거쳐 이스라엘 북단부터 남까지 전 지역의 성지와 성서지리를 배울 수 있었다. 그중에서 특히 갈릴리 지역을 갔을 땐 흥분과 감동에 가슴이 뛰었다. 갈릴리 바다를 바라볼 때 감격은 이루 말할 수 없었다.

아~ 갈릴리 바다!! 꿈에도 그리던 갈릴리 바다!!

예수님이 말씀하신 팔복산에 서서 베드로가 고기 잡던 갈릴리 바다를 바라보며 외쳤다.

"베드로, 당신도 고기 잡던 무명의 어부가 사람 낚는 어부가 되었지요. 어부의 아들인 홍기춘이도 사람 낚는 어부가 되어 여기에 왔습니다."

서해 작은 섬 장자도에서 쪽복음을 읽으며 꿈을 꾸던 어부의 아들이 사람 낚는 목사가 되어 갈릴리 바다를 바라보며 감동과 흥분에 젖어 서있다니 꿈만 같았다. 요동치는 가슴을 진정시키며 한국의 작은 섬, 가난한 어부의 아들을 갈릴리 바다까지 인도하여 볼 수 있게 하신 은혜가 감사하고 또 감사했다. 나는 고기 잡던 어부 베드로가 사람 낚는 어부가 된 것을 생각하면서 베드로를 흠모하며 더욱 좋아하게 되었다.

## 연단하신 후에

훗날 목사가 되어 생각했다. 어릴 적 굶주리고, 가난하고, 불행했던 모든 환경들은 하나님이 나를 세계를 누비며 선교하고 부흥회를 인도할 수 있도록 훈련시키기 위한 것이었음을 깨닫고 감사했다. 굶주리고 가난하였던 덕에 지금은 무엇이든지 먹을 수 있는 은혜를 주셔서 전 세계 어디를 다니면서도 음식을 가리지 않고 잘 먹는다. 현대인들이 건강에 좋다고 즐기는 소금사우나를 나는 어릴 적부터 여름 내내 할 수 있었다. 하나님은 자연산 소금바다에 집어넣으셔서 꺼내시고, 햇볕 쨍쨍 내리쬐는 바위에 조기새끼처럼 말리셔서 나를 건강하게 만드셨다. 그리하여 어떤 형편과 조건에서도 건강한 몸으로 복음을 전할 수 있도록 하셨다.

그토록 많은 시간동안 비행기를 타고 세계를 다녀도 시차에 별 영향을 받지 않고 각 나라에 도착하는 즉시 바로 활동할 수 있는 건강의 은혜를 주셨다. 이 모든 것이 하나님께서 나를 연단하여 훈련시키심으로써 세계에 복음을 전하는 일에 쓰시려고 준비시키신 과정이었음을 깨닫게 되었다.

# 장자도에서<br>군산으로

아버지와 할머니는 어려운 가정 형편에서도 형을 군산에 있는 중학교로 보내 공부를 시켰다. 당시는 섬에서 도시로 나가 공부하는 것이 마치 외국유학을 가는 것처럼 힘들게 생각되었을 때였다. 나까지 도시로 내보내기는 힘들었다. 목사가 되는 꿈을 이루기 위해서는 도시로 나가 공부를 해야 했지만 현실적으로 불가능한 일이었다. 오직 하나님께 기도하는 것 외엔 할 수 있는 것이 아무것도 없었다. 그때 기도를 참 많이 했다. 밤이면 소금창고에서, 낮에는 나지막한 뒷산에서 기도했다. 그저 어린 내 마음은 이렇게 기도하면 반드시 하나님이 길을 열어 주시고 목사님이 되게 해주실 것이라는 확신으로 가득 찼기 때문이다. 조금의 의심도 없었다.

군산으로 나간 형이 중학교를 갓 졸업하고 일을 배우며 홀로서기를 위해 최선을 다하고 있을 때였다. 부모의 도움 없이 어린 나이에 홀로 서서 삶을 개척하고 안정을 찾는다는 것은 매우 힘들고 어려운 일이었다. 나는 섬에서 오로지 목사가 되겠다는 신념을 가지고 기도만 하고 있었다. 이런 나를 볼 때 형의 마음은 얼마나 아팠을까?

어느 날, 형으로부터 군산으로 나오라는 연락을 받았다. 형은 큰 규모의 사업을 하는 곳에 나를 소개하여 주었다. 당시 어린 나이에 일할 수 있는 곳은 별로 없었지만 그렇게라도 동생이 섬을 빠져나와 도시로 진출하게 되기를 형은 바랐던 것이다.

섬에서 나와 일하다보니 도시에서의 삶은 훨씬 풍족하였다. 먹고 자고 일할 수 있는 환경도 나름 괜찮았다. 그러나 나는 세속적인 돈과 안락함에는 만족함과 행복을 전혀 느낄 수가 없었다. 나에게는 단 하나의 꿈만이 있었기 때문이었다. 오직 목사가 되어 실컷 예배드리고 십일조 드리고 교회에서 봉사하고 싶은 마음뿐이었다.

# 우상의 소굴에서

나는 엄청난 충격과 곤란에 빠졌다. 예수님을 도저히 믿을 수 없는 그 집의 환경 때문이었다. 그 집은 물질적으로는 풍요로웠는지 몰라도 매일 밤마다 음식을 차려 놓고 제사를 드리는 우상을 섬기는 집이었다. 나는 주일에 교회에 갈 수 없었다. 그 집에 있는 한 예수님을 믿을 수 없었다. '예수님을 믿을 수 없고 교회를 갈 수 없다면 나는 어떻게 해야 하나'라는 고민에 빠져 밤마다 괴로워했다. 교회에 못가고 주일도 지키지 못한다는 것은 내게 최악의 비극이자 불행이었다. 일하면서 기도하며 공부하다가 때가 되면 목사님이 되리라는 꿈도 희망도 다 무너져 버렸다. 차라리 섬에서 몸부림치던 때가 훨씬 나았다. 예수님 앞에 가지 못하는 아픔과 서글픔이 너무 나를 고통스럽게 만들었다. 고통 속에 몸부림을 쳤다. 배를 곯아도, 가난해도 섬에서 기도하고 주님을 섬길 수 있었던 때가 행복했다. 어찌할 바를 몰랐다.

당시 도시 교회들은 저마다 높은 종탑 위에 스피커를 설치하여 찬송을 흘려 보내주었다. 그 찬양 소리가 내 귀에 들릴 때는 정말이지 미칠 것만 같았다.

'내가 여기서 무엇을 하고 있는가? 예수님을 믿을 수 없는 우상의 소굴에서 지금 무엇하고 있는가? 몸 편하자고 지금 이러고 있단 말인가? 그래. 그렇다면 이곳을 떠나자!'

결국 단호하게 결심을 하였다. 먼저 예의상 주인아저씨와 이야기를 해서 결단내기로 했다. 어렸던 내가 그런 당찬 행동을 했다는 것이 참으로 대견해 지금도 믿어지지 않는다. 하지만 그 때 나는 큰 기업을 운영하는 부자 주인에게 용기를 내어 담판을 벌였다.

"나는 예수님을 믿으니 반드시 주일을 성수하고 교회에 나가야 합니다. 주인님이 허락하지 않으신다면 나는 당장 나가겠습니다. 이곳에 있지 않겠습니다."

그 주인은 나를 예쁘게 보았던지 화를 내기보다는 오히려 나를 설득하려고 했다.

"나도 네 신앙을 인정한단다. 너에게 제사상에 절하라고 하는 것도 아니잖느냐. 네가 교회를 못 간다는 것뿐이지 네 신앙을 갖지 못하게 하는 것이 아니다. 내가 우상을 섬기는 것은 아니지만 어머니가 저렇게 섬기는 우상이니 어떻게 교회를 나가게 할 수 있느냐?"

좋은 말로 달래면서 있다 보면 혹시 교회를 나갈 수 있을지 모르니 참고 좋은 곳에 그냥 있으라는 것이었다. 하지만 나는 단호히 거절했다. 다니엘은 바빌론에 포로로 끌려갔으나 자기를 더럽히지 않으려고 우상 앞에 제사한 진미를 거절하면서 하나님의 뜻대로 살기 위해 몸부림쳤던 것을 생각했다.

하나님께 기도하면 죽는다는 왕의 어명에도 불구하고 다니엘은 기도했다. 하나님 때문에 불이익을 당하고 심지어 죽음까지도 각오해야 하는 환경에서 하나님을 향한 믿음을 목숨 걸고 지킬 때 하나님은 그로 하여금 경쟁자들을 이기게 하시며 바빌론 최고의 자리로 높이셨다.

'다니엘은 뜻을 정하여 왕의 진미와 그의 마시는 포도주로 자기를 더럽히지 아니하리라 하고…' 다니엘 1장 8절

'다니엘이 이 조서에 왕의 도장이 찍힌 것을 알고도 자기 집에 돌아가서는 윗방에 올라가 예루살렘으로 향한 창문을 열고 전에 하던 대로 하루 세 번씩 무릎을 꿇고 기도하며 그의 하나님께 감사하였더라' 다니엘 6장 10절

'당장 이 집을 나가면 어디로 간단 말인가? 그러나 예수님을 믿

을 수 없는 이런 우상의 소굴 따위는 미련 없다.'

인간적으로 생각해보면 너무 무모한 결정이었다. 그러나 예수님을 자유롭게 믿을 수 있는 시간으로 돌아간다면 육신의 풍성함 따위는 전혀 미련이 없었다. 예수님을 포기하고 육신의 평안을 따라 그곳에 더 이상 머물고 싶지 않았다. 그 무엇도 주님과는 바꿀 수가 없었다. 그렇게 나는 미련 없이 뒤도 돌아보지 않고 그 집을 박차고 뛰쳐나왔다. 하지만 내 마음은 사냥꾼의 올무에서 벗어난 짐승처럼, 새장을 벗어난 새처럼 자유와 기쁨으로 충만했다. 고라 후손들이 노래한 성전을 향한 말씀이 마음에 와 닿았다. 나는 영적 자유자가 되었다. 이제는 맘껏 교회에 갈 수 있었다.

'주의 궁정에서의 한 날이 다른 곳에서의 천 날보다 나은즉 악인의 장막에 사는 것보다 내 하나님의 성전 문지기로 있는 것이 좋사오니' 시편 84편 10절

# 여호와 이레

결국 그 곳을 뛰쳐나왔으나 갈 곳이 없었다. 어디로 갈 것인가? 어떻게 해야 할 것인가? 오직 예수님 때문에 하루아침에 노숙자 신세로 방황할 것을 생각하니 사실 참담하고 암담했다. 이런 급박한 상황을 형에게는 알리지 않았기 때문에 형은 아무 것도 몰랐다. 형이 예수님을 믿고 있지 않았기에 내가 예수님 때문에 그 풍족한 환경을 뛰쳐나왔다고 한다면 형은 도무지 이해하지 못할 것 같았기 때문이다.

문득, 어느 날 형이 나를 장로교회에 다니시는 집사님 가게로 데리고 가서 소개해준 생각이 떠올랐다. 한번 뵙고 인사드리며 예수님을 잘 믿는 동생이라고 소개한 것이 전부였다. 그 문구점을 찾아가 인사를 드리자 평안하게 맞이하여 주셨다. 여집사님은 문구점을 경영하셨고, 남편 집사님은 고등학교 선생님이셨다. 내가 예수님 때문에 그 우상의 집에서 뛰쳐나온 사실을 알게 되자 바로 그 자리에서 말씀해주셨다.

"너는 오늘부터 우리 집에 함께 살며 나를 도와다오. 그리고 맘껏 예수님을 믿고 공부를 해라."

그래서 낮에는 그 집사님의 문구점 일을 도우며 일하고, 밤에는 공부하게 되었다. 그래서 나는 신학교 입학을 향한 꿈을 이루기 위해 피곤한 줄도 모르고 열심히 낮엔 일하고 밤엔 공부하였다.

후에 두 분은 장로교회에서 장로님과 권사님이 되셨다. 지금은 원로 장로님, 은퇴 권사님이 되신 전병도 장로님 내외분이다. 2008년 미주성결교 부총회장이 되어 군산 중동교회에서 부흥회를 인도할 때, 연락을 드리지 않았는데도 백발의 모습으로 찾아오셔서 열 번의 집회를 빠지지 않으시고 매시간 집회에 참석하셨다. 내가 전도사 시절인 강원도 귀래교회를 건축했을 때에도 오셔서 격려와 기도를 해주셨다. 서울에서 목회할 때에도 오셔서 기도해주셨다. 두 분은 내 일생에 잊을 수 없는 은인이다. 당시 두 분 집사님은 여러 가지로 사랑을 주시면서 신앙에 관하여 내가 편한 대로 교회를 다니라고 하셨다. 당신들과 함께 장로교회를 가면 좋겠지만 자유롭게 하라고 해주셨다.

# 군산중동교회에서의 영적 성장

나는 다른 교회보다 예수님을 처음 만났던 장자도교회를 개척하신 김용은 목사님이 담임하시는 군산중동교회 교회로 출석을 하게 되었다. 만약 그 때 집사님 가정을 따라서 장로교회로 갔다면 나는 아마도 장로교 목사가 되었을 것이다. 그리고 우리 G3교회 성도들을 만나지 못했을 것이다. 더 나아가 나의 평생 반려자가 된 사랑하는 아내도 만나지 못했을 것이다.

신학교를 가기 전까지, 군산중동교회에서 주일학교 선생님들 중에 가장 나이 어린 교사로 열심히 주일학교 교사직을 기쁨으로 봉사했다. 최선을 다하여 기도하고 충성하니 주님은 내가 맡은 반의 아이들이 부흥되는 은혜를 주셨다. 그 후에는 성가대와 청년회 등에서 열심히 봉사했다. 그리고 교파를 초월하여 부흥회가 있는 곳이면 열심히 쫓아다니며 참석해 은혜를 받았다.

군산중동교회의 한 권사님이 나의 발등을 우연히 보게 되었다. "홍 선생은 기도를 많이 했구먼…" 하고 말씀하셨다. 나는 그제야 깜짝 놀라 내 발등을 자세히 볼 수 있었다. 힘든 삶 속에서 바쁘게 달려오느라 그동안 내 발등조차 제대로 보지 못했던 것이다. 섬에 있을 때 장자도 교회와 산에서 많은 시간을 무릎으로 기도해서인지 발등에 굳은살이 많이 박힌 것을 그제야 알게 되었다.

영적인 뜨거움이 늘 충만하여서인지 담임목사님의 말씀이 꿀처럼 달아 시간마다 은혜를 받았다. 힘이 되었다. 교파를 초월하여 부

주일학교 졸업예배 후 기념 촬영 (맨 뒷줄 왼쪽에서 두번째가 필자)

흥회가 있는 곳이면 시간을 내어 참석하였다. 말씀이 나를 휘어잡았다. 군산에서 부흥회를 통하여 큰 은혜를 받은 것은 차남진 목사님과 최정원 목사님 두 분 목사님을 통해서다. 두 분 모두 장로교 목사님들이셨다. 차남진 목사님은 중동교회에 오셨기에 맘껏 말씀을 들을 수 있었다. 차남진 목사님은 어렵게 공부하시면서 미국유학을 다녀오신 분이다. 차남진 목사님의 말씀은 나를 사로잡았다. 뜨거운 말씀으로 내게 와 닿았다. 내 맘 속에 미국의 꿈이 그려지기 시작했다. 그러려면 영어를 먼저 잘해야 한다는 생각을 했다. 그때부터 영어에 관심을 두고 단어집과 숙어집을 몽땅 외울 정도로 노력했다.

또 다른 목사님인 최정원 목사님은 어느 장로교회에서 부흥회를 인도하고 계셨다. 어느 날, 새벽기도회에 참석했다. 잊을 수 없는 이름, 최정원 강사 목사님이 새벽 설교 중에 "누구든지 목사가 되고 싶으면 성경을 100번만 읽으면 된다"고 하셨다. 그리고 그렇게 하기로 마음에 작정하는 사람은 손을 들라고 했다. 나는 손을 번쩍 들었다. 많은 사람이 모였는데 손을 든 사람은 나와 또 다른 한 사람뿐이었다.

나는 돌아와서 매일 60장씩 성경을 읽어 일주일에 신약을 한번 완독한다는 계획을 세웠다. 구약은 신약을 읽는 중간 중간에 1독씩 하려고 마음을 먹었다. 성경 읽고 완독한 후에 읽은 숫자를 적으면서 그래프처럼 만들어 벽에 붙여놓고 매일 60장 성경읽기 표시를 하였다. 매일 성경을 60장씩 읽는 것은 쉽지 않았다. 하루를 미루면 다음날에 120장을 읽어야 하는 부담이 있었다. 매일 거의 성경을 손에서 놓지 않으며 성경책 2권이 해어질 정도로 줄을 그으며 읽고 또 읽었다. 좋은 말씀은 암송했다. 그래서 신약 100번 완독과 함께 구약도 30여 번 완독할 수 있었다. 이것은 훗날 내가 목사가 되어 목회를 하는데 영적인 큰 힘이 되었다. 군산중동성결교회는 나의 신앙생활의 영적 고향이며 신학교를 입학할 때 추천해 주었던 영적 교회이다.

# 형과 나

군산에서 어렵게 홀로서기를 하던 형은 빚을 얻어 작은 잡화점을 열었다. 형은 혼자서 가게를 운영할 수 없어 나와 함께 일하기를 원했다. 그래서 나는 문구점 집사님 댁에서 나와 형과 함께 자취를 하게 되었다. 형이 나가서 일을 하면 나는 형의 뒤에서 물건을 정리하고 청소하는 등의 보조역할을 했으며 함께 먹을 음식도 만들었다. 그 외의 시간은 공부하는데 전념해 신학교에 갈 수 있는 준비를 나름대로 하게 되었다. 또 할머니께서 섬에서 나오셔서 우리를 뒷바라지 해주셨으며 나와 함께 군산중동교회에 다니며 하나님을 잘 섬기셨다. 그리고 집사님이 되셨다.

그렇게 형과 나는 할머니와 함께 가게를 운영하며 살아가고 있었다. 그러던 중, 형이 군대에 입대할 때가 되어 가게를 더 이상 운영하지 못하게 되었다. 빚으로 시작한 작은 잡화점이라서 한두 달만 문을 닫아도 유지를 할 수 없는 상황이었기 때문에 엉겁결에 내가 그 가게를 맡게 되었다. 선택의 여지가 없었다. 가게를 운영한 경험이 전혀 없었던 나는 두렵기만 했다. 물건을 파는 것에서부터 관리하고 경영하는 것 모두 다 새로운 일이었다. 오직 내가 기쁨으로 하는 것이라곤 교회에 가서 마음껏 예배드리고 찬양하고 기도하는 것이었다. 그러던 내가 형이 군대에 가는 바람에 어른들도 힘들다고 하는 가게를 운영하게 된 것이다.

어떻게 하면 가게가 망하지 않고 최소한 현상유지라도 해서 형이 다시 제대해 돌아올 때 꾸지람이라도 면할까 하는 생각뿐이었다. 기도하며 생각하던 중에 나는 가게를 유지하거나 성장시키기 위해 여러 가지 방법을 강구하는 것보다 차라리 신앙생활에 충실하기로 결심했다. 그리고 일요일이 되면 가게 문을 닫아버렸다. 그리고 하루하루의 수입에서 온전한 십의 일조를 떼어 하나님께 바쳤다. 예배를 드리고 십의 일조를 하는 삶은 섬에서부터 내가 그토록 간절히 바라던 소원이었고 꿈이었다. 그래서 나는 가게를 운영하면서부터 예배와 십의 일조를 철저히 지켜나갔다.

일요일이 되면 가게 문을 닫아버리고 교회에 가버리자 상가에 있던 모든 사람들이 야단법석이었다.

"어떻게 일요일에 문을 닫을 수가 있나? 장담하건대, 저건 망한다."

하지만 그런 소리를 들으면서도 예배드리고 십의 일조를 드리는 기쁨에 나는 마냥 행복했고 만족하였다. 남들이 "저 어린 자식이 와서 다 망해 먹는다"고 조롱할 때, 나는 십의 일조를 하면 "하나님이 망하지 않게 하시고 복을 주신다"고 하는 약속의 말씀을 굳게 믿었다. 십의 일조는 나의 모 교회인 장자도교회에 보냈다. 그리고 더욱 더 기도에 매달렸다. 교회에는 더욱 더 충성으로 봉사했다. 그렇게 나는 하나님 앞에서 성실함으로 가게를 운영해 나갔다. 그러자 상가 사람들의 시선이 서서히 변하기 시작했다. 어떤 분들은 "예수를 믿으려면 기춘이처럼 믿어야 한다"라고 말하기도 했다. 어떤 분들은 어렸던 나에게 중매를 하기도 하였다.

결국 형이 제대할 때 즈음 가게는 더욱 성장하게 되었고 하나님의 축복으로 군산에 집 한 채를 사게 되었다. 그리고 나는 다시 가게를 형에게 되돌려주고 신학교로 갔다. 가게를 운영하는 동안 나는 정말로 열심히 주일을 예배로 지키고, 기도하고 교회에 충성하며 특히 그토록 간절히 소망했던 십의 일조를 온전하게 드리게 됨으로써 하나님의 약속의 축복을 경험하였다. 어려서부터 하나님께 십의 일조를 원 없이 드리고 싶었지만 드릴 돈이 없어서 하지 못했는데 가게를 맡음으로써 원 없이 십의 일조를 바치게 되었으니 이 얼마나 하나님의 크신 축복인지. 평신도로서 십의 일조를 진심으로 기쁨으로 드릴 수 있었던 유일한 기간이었다. 십의 일조를 드리지 않은 사람은 그 기쁨을 도저히 알 수 없을 것이다.

당시 내 나이 19살이었고, 모든 사람들이 다 망한다고 말했지만 하나님은 나를 축복하셨다. 이것은 내 평생 큰 축복의 경험이었다. 목사가 되겠다는 소원을 가지고 섬에서 혼자 웅크리며 기도만 하고 있던 나를 군산으로 이끌어내어 꿈을 이룰 수 있게 해준 형이 무척 고맙다.

제3막

# 사람 낚는 어부

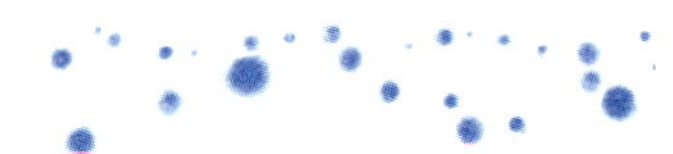

'눈물을 흘리며 씨를 뿌리는 자는 기쁨으로 거두리로다
울며 씨를 뿌리러 나가는 자는 반드시 기쁨으로 그 곡식 단을 가지고 돌아오리로다'
시편 126:5-6

# 강원도 산골 귀래교회

## 신학교 졸업 후 첫 목회지

신학교 졸업 후, 강원도 원성군 귀래면에 있는 귀래교회에 처음으로 부임하게 되었다. 원주에서 버스를 타고 비포장도로를 따라 양아치고개라고 불리는 큰 산을 넘어 산길을 따라 구비구비 돌아서 도착했다. 지금은 도로가 매우 좋아져 우회도로까지 생겼지만 당시엔 비포장도로에 험난한 전형적인 강원도의 산길이었다. 버스가 지나가면 동네는 온통 먼지투성이었다. 흙벽돌로 오래전에 지어진 교회주택은 길옆에 있어서 온통 흙먼지로 뒤덮여 있었다.

귀래교회 담임 전도사로 부임하던 해는 1977년 3월 5일이었다. 나는 임신 5개월 된 아내와 함께 귀래교회에 도착했다. 1950

년대 6.25전쟁 피난민들에 의하여 세워진 귀래교회는 미자립의 어려운 형편이었다.

50평이 안 되는 논 옆 대지에 흙벽돌로 지은 약 30평형의 교회였다. 흙벽돌로 지었기 때문에 교회의 벽은 금이 가 있었다. 성도들은 약 15~20명 정도 출석했다. 재정상태가 빈약해 도시교회에서 선교비를 지원 받아야만 했다. 한 달에 1,500원 정도의 적은 사례비를 받았다. 그 적은 사례비마저 교회재정으로 충당이 안 되어 도시 교회로부터 매월 선교비를 지원받아야 했다. 당시 농촌교회들의 형편이 거의 다 그러했다. 작은 생활비에서 10의 3조를 떼고 각종 헌금을 하나님께 드리면 생활하기가 참으로 어려웠다.

귀래교회는 1950년대 설립 이후, 27여 년 동안 12명의 교역자들이 1~2 년 정도 있다가 다른 곳을 찾아 나갈 정도로 힘든 교회였다.

교회 주택은 오래전 피난민이 지은 흙벽돌집으로 지붕은 슬레이트로 되어 있었다. 흙집이기에 울퉁불퉁한 흙벽은 벽지가 잘 붙지 않아서 벽에 붙어 있는 부분도 있고 어떤 부분은 안 붙어있어 바람이 불면 벽과 천정이 통하며 흔들렸다.

벽과 벽지 사이로, 천정으로 쥐들이 돌아다녔다. 꿈틀거리는 벽지의 움직임을 보고 벽지 사이로 돌아다니는 쥐를 손으로 눌러 잡아내곤 했다. 방안에 놓인 음식은 쥐가 먼저 차지했다.

사방이 뚫린 옛날 흙집 부엌은 흙길에서 날아오는 흙먼지로 가득

쌓이곤 했다. 부엌에는 옛날 솥과 우리가 가져간 그릇 외엔 아무 것도 없었다. 마당엔 간장이 가득한 큰 장독 하나만 덩그러니 놓여 있을 뿐이었다.

# 5일간의 까마귀 기적

부임 후 얼마 지나지 않아 먹을 것이 모두 떨어졌다. 어디 가서 먹을 것을 구해야 하나? 목회 초반부터 익숙하지 않은 신자들을 찾아가 쌀이 떨어져 굶는다고 할 수도 없었다. 아내와 나는 "하나님이 목회 초장부터 굶게 하신다면 굶읍시다" 라고 서로를 위로했다. 그러나 그때 아내는 임신 5개월이었다. 나는 참고 굶을 수 있지만 임신한 아내는 그렇게 할 수 없었다. 배가 점점 불러오는 아내는 음식이 왕성하게 당겨 먹고 싶어 했다. 그러나 아무 것도 먹을 것이 없는 현실이 고통스러웠다.

굶주림의 날은 계속되었다. 하루는 자고 나서 방문을 열어보니 밀가루가 담긴 그릇이 놓여 있었다. 그때 아내와 나는 엘리야를 살리신 하나님의 기적이라고 외쳤다. 밀가루를 반죽하여 음식을 만들었다. 먹을 반찬이 하나도 없었다. 마침 마당에 놓인 큰 독에는 간장이 가득 차 있었다. 수제비로 끼니를 때우는데 반찬은 큰 독에서 떠온 간장이 전부였다. 굶지 않게 음식을 주신 하나님 은혜가 감사했다.

배부른 자에겐 수제비가 간식으로 맛있을지 몰라도 계속 주식처럼 먹기에는 힘든 것이 사실이다. 결국 문제가 생겼다. 나는 괜찮았지만 임신한 아내는 힘들어 했다. 임신 중인 몸이라 밀가루가 몸에서 잘 받지 않았기 때문인지 고통스러워했다. 그때 그 이후로 아내는 지금까지도 밀가루 음식을 잘 먹지 못한다.

그 밀가루의 사연은 이러하다. 밀가루를 놓고 간 분은 86세 되신 할머니 집사님이셨다. 다 쓰러져 가는 움막 같은 집에서, 어릴 때 엄마가 버리고 간 핏덩어리 같은 손자를 홀로 키우시며 살고 계신 할머니셨다.

가난한 할머니는 면사무소로부터 극빈자로 지정되어 밀가루를 구호양식으로 받았다. 면사무소에서 받은 구호양식인 밀가루를 받아 가지고 오시다가 반절을 덜어 전도사 사택 마루에 놓고 가신 것이었다. 하나님은 엘리야를 먹이신 것처럼 극빈자인 할머니 집사님 까마귀를 통하여 우리를 먹이셨다.

가난한 할머니 집사님은 산에서 산나물을 뜯어서 사택에 놓고 가시기도 했다. 반찬도 그렇게 해서 해결되었다. 후에 할머니 집사님은 권사님이 되시어 하늘나라에 가셨다. 이름도 없이 빛도 없이 헌신했던 그 할머니는 지금 하늘, 주님 보좌 앞에서 빛나는 면류관을 쓰고 계실 것이다.

## 밤이 새도록 물을 퍼내던 부엌

흙벽돌을 찍어 만든 교회사택의 마당은 길보다 낮았다. 부엌은 그 마당에서 더 깊이 파고 내려가 만들어진 전통 산골 마을 집 부엌이었다.

종종 비가 오면 물이 집 마당으로 모이고 그 모인 물은 부엌으로 흘러들었다. 그래서 비가 그칠 때까지 물을 퍼야만 했다. 가장 어려웠던 것은 밤중에 비가 올 때였다. 배고픔도, 어려움도 참을 수 있겠는데 밤에 비가 오면 아내와 나는 비가 그칠 때까지 물을 퍼내야만 했다. 그것이 너무 고통스러웠다. 언제 비가 그칠지 모르기 때문이다. 물을 푸지 않으면 흙집이 무너질 수도 있었기에 비가 그칠 때까지 물을 퍼내야만 했다.

한번은 밤중에 비가 쏟아졌다. 잠들었다가 깨어나 부엌에 가보니 물이 가득 차 그릇과 솥단지가 둥둥 떠다녔다. 비 때문에 흙집이 무너질까 두려웠다. 밤이 다하도록 아내와 번갈아 물을 푸면서도 이렇게 서로를 위로했다.

“여보. 우리가 지금은 물을 푸는 고통을 겪고 척박한 집에서 살고 있지만 언젠가는 하나님이 우리에게 좋은 집을 주실 거야."

인간적인 눈으로 보면 불가능한 일이었다. 가난하고 어려운 농촌교회에서 물 안 푸는 좋은 집이라는 것은 이룰 수 없는 꿈나라의 이야기였다. 그러나 4년 후 귀래교회를 떠날 때는 교회를 새로 건축하고 교회 옆에 아름다운 사택도 지어 입주하는 기쁨도 있었다.

# 가난한 시골교회 전도사

너무나 가난한 시골교회 전도사였다. 아내가 출산한 이후에도 산후조리를 할 수 있는 여건이 되지 않았다. 소고기는 커녕 국을 끓일 미역조차 살 돈이 없을 정도였다. 안타까운 마음만 가득했다. 어느 날 군청으로부터 연락이 왔다. 나를 민방위 강사로 위촉한다는 것이었다. 지역별로 민방위 대원들에 대한 정신교육을 위해 군에서 몇 사람을 선출하는데 내가 선발이 되었다는 것이다. 강사로 선출된 후 서울에 있는 '통일교육원'에서 한 주간의 강사 교육을 받고 강원도청으로부터 위촉장을 받아 민방위 교육을 하게 되었다. 그래서 민방위 대원들이 모일 때마다 정신교육을 시켰다. 반공과 국가관에 대해서, 민족관에 대해서, 그리고 우리가 살아가야 할 현실에 대해서 언급해 주었다. 민방위 대원들에게 강의를 한 후에는 강사비를 받았다.

그 때 받은 강사비로 아내를 위해 소고기를 사다 미역국을 끓여 먹일 수 있었다. 갓 태어난 첫 아들은 우유 한 병 제대로 먹일 수 없었다. 뱃속에서부터 잘 먹지 못했기 때문이었는지 첫 아이는 다른 아이들보다 키가 크지 않다. 그것은 지금도 두고두고 아내와 내가 마음 아파하는 부분이다. 그러나 주를 위한 헌신은 반드시 축복으로 보상해주시는 자비로우신 하나님이심을 깨닫는다. 뱃속에서부터 굶주리고, 태어나서 제대로 먹지도 못한 아들은 후에 미국 주류사회에서 물질의 큰 복을 받고 있기 때문이다.

# 성전 건축의
# 꿈 그리고 기도

농촌교회의 어려운 상황에서 문득 든 생각은 미래의 목회에 대한 것이었다.

'단독 목회 기간만을 이곳에서 채우고 여건이 더 나은 사역지를 찾아 갈 것인가? 아니면, 하나님이 나를 이곳에 보내셨으니 교회를 제대로 세우고 가야할 것인가?'

기도하면서 나는 전도사 단독목회 기간만을 채우고 떠나는 것이 아니라 어려워도 하나님의 교회를 잘 세우고 떠나는 것이 하나님이 기뻐하시는 일이라 생각되었다. 그래서 교회를 건축해야겠다는 생각을 가지게 되었다.

귀래교회는 오래전에 흙벽돌로 지어진 교회로 금이 간 곳이 많았고 안정되지 못했다. 몇 분 되지 않는 집사님들을 모아 놓고 새로운 성전을 건축하겠다는 하는 꿈을 말했다. 그러나 집사님들의 반응은 "네"도 "아니요"도 아닌 묵묵부답이었다. 성전건축이라는 것이 현실적으로 불가능하게 보였기 때문이었을 것이다. 그러나 나는 확신을 가지고 강조했다.

"하나님이 세우시면 반드시 됩니다!"

성전 건축을 위해서 넘어야 할 가장 큰 산은 건축할 수 있는 땅을 확보하는 것이었다. 흙벽돌로 지어진 옛 교회는 남의 논 위에 세워졌기 때문에 그곳에 새로운 성전을 건축할 수 없었다. 나는 기도하기 시작했다.

"하나님! 저희 교회는 성전 건축을 할 수 있는 형편이 되지 못합니다. 그러나 하나님께서 하시면 가능하실 줄로 믿습니다. 할 수만 있다면 공짜로 새로운 땅을 주옵소서."

기도 중 어느 날, 한 쪽에 개울이 흐르고, 다른 편에는 초등학교가 있는 땅을 발견했다. 그 땅을 처음 보았을 때, 그곳이 새로운 성전 터라고 확신했다. 그래서 내가 할 수 있는 유일한 방법은 하나님께서 땅 주인의 마음을 움직여 공짜로 그 땅을 교회에 받치기를 기도하는 것뿐이었다.

예전에 어느 책에서 한 간증을 읽은 것이 생각났다. '교회를 세울 때 땅이 없어서 남의 땅이지만 세울 장소를 정하고 그 땅에 가서 기도하여 땅을 받아 교회를 건축했다는 내용이었다. 그래서 그 땅에 가서 기도하기로 마음을 먹었다. 기도해야겠는데 낮에는 할 수 없고, 한 밤에만 해야 했다. 대낮에 남의 땅에서 기도하고 있으면 사람들이 미친 전도사라고 할 것 같았다. 밤이 캄캄해지기 시작하면 비닐을 하나 들고 가서 마음에 점찍은 땅에 가서 기도하기 시작했다. 그 때가 11월쯤이었다. 강원도는 11월부터 추운 겨울이 시작된다. 기도하기를,

"하나님 이곳이 가장 좋은 성전 터인데, 이 땅 위에 성전을 짓도록 허락해 주십시오."

한밤중에 남의 땅, 논바닥에 무릎 꿇고 기도하면서 성전이 건축되는 비전과 꿈을 그리기 시작했다.

"이 땅의 주인이 누구인지 알지 못합니다. 그러나 이 땅을 주셔서 아름다운 성전이 세워지도록 허락해주세요."

그리고 아름다운 조경이 어우러진 교회 앞마당을 연상하며, 건축된 새 성전 안에서 예배를 드리는 꿈을 꾸기 시작했다. 열심히 남의 땅에서 기도했다. 한참을 기도하고 일어서면 기도하던 자리의

땅이 녹아 비닐 밑에 물이 흥건할 정도였다.

그렇게 기도를 하던 중에 기도의 동역자가 생겼다. 아버지의 핍박에도 불구하고 신앙생활을 열심히 하던 자매였다.

"전도사님, 저도 전도사님 기도에 동참해도 될까요?"

밤중에 남녀가 함께 기도하면 좋지 않은 소문이 날 것 같았다. 당시 아내는 임신 중으로 함께 가서 기도할 수 없었기 때문이다. 나는 자매에게 함께 기도하는 것은 좋은데 사람들이 오해하지 않도록 그 땅에 가서 기도할 때에 나와 멀리 떨어져 기도하라고 일러 주었다. 내가 땅의 위쪽에서 기도하면 자매는 멀리 떨어진 뒤쪽에서 기도하라고 말해 주었다. 그렇게 나와 자매는 매일 밤 그 땅에서 성전 건축을 소망하며 기도했다. 기도의 동역자가 생기니 큰 힘이 되었다.

# 땅 문서를 바친 노랭이 구두쇠

그 땅의 주인이 누구인가 알아보았는데 주인은 동네에서도 "노랭이"로 소문난 분이었다. 그분은 너무 구두쇠같이 인색하셨기에 "노랭이 구두쇠"라고 사람들이 불렀다. 아내 분은 교회를 다니셨지만 그 분은 예수님과는 전혀 거리가 먼, 술에 찌들어 사는 분이었다. 씀씀이가 인색한 분이라는 이야기가 마음에 크게 부담이 되었다. 마음이 너그러운 분이라면 땅을 공짜로 줄 수 있지만 저런 분에게 "교회를 건축하려고 하니 땅을 무료로 주십시오" 하는 말이 과연 통할까 하는 생각이 들었다. 기도했으니 만나서 그 땅을 성전건축에 바치라고 해야겠는데 어떻게 그분을 만날까 생각하다가 기도 중에 결심했다. 하나님께 그 땅을 달라고 기도했으니 직접 만나서 땅을 달라고 요청해야 겠다고 생각했다.

"선생님, 꼭 드릴 말씀이 있는데 저의 집에 오시면 좋겠습니다. 사택에서 차를 준비하고 모시겠습니다"하고 "꼭 드릴 말씀이 있다"고만 강조했다.

정성껏 차와 다과를 준비하였다. '혹시 안 믿는 분이라 안 오시면 어떻게 하나?'하고 한편으로 걱정했으나 결국에는 오셨다. 아내가 마실 차와 다과를 가져다 놓았다.

"선생님, 차를 드시지요?"

"전도사님, 나한테 꼭 하실 말씀이 무엇입니까?"

나는 순간 '이때다' 하고 단도직입적으로,

"선생님 땅이 학교 옆에 있지요?"

"네, 있습니다."

"그래요. 선생님. 제가 기도하던 중에 하나님께서 '선생님의 땅을 하나님의 교회를 위해 헌납하라'고 하십니다. 그곳에 교회를 짓고 싶으니 그 땅을 선한 일에 바치시면 감사하겠습니다."

그분은 나의 말이 끝나기도 전에 마시려고 들고 있던 찻잔을 놓고는 한 마디 인사도 없이 그냥 가버렸다. 그 순간, 마음이 무너지는 것 같았다.

"추운 겨울, 밤마다 그 땅에 가 하나님! 성전을 건축할 이 땅을 주세요. 기도하면 이 땅을 주실 줄로 꼭 믿습니다. 그리고 그분의 마음을 움직여서 주실 것이라 믿었습니다. 그런데 결과가 이것입니까?"

그날은 너무 창피하고 괴로워 밤을 꼬박 새며 교회에서 엎드려 있었다. 노랭이 구두쇠 어른이 동네에다가 무슨 소문을 퍼뜨릴 것인가? 새파랗게 젊은 전도사 녀석이 남의 땅을 공짜로 달라고 했다고 말하고 다니면 전도문도 막히고 나는 무슨 꼴이란 말인가? 참으로 참담하고 부끄러웠다.

무너지는 마음을 가지고 그날 밤 교회에 가서 엎드려 기도했으나 기도가 되지 않았다. 그분이 오늘 일을 동네에 퍼뜨리고 다니지 않을까 하는 생각만 들었다. 내가 단독목회만 채우고 가면 되지 어려운 농촌교회를 안정되게 하겠다고 왜 이런 수모와 창피를 당해야 하는가? 하는 생각뿐이었다. 괴로워하며 눈물과 콧물을 쏟으며 울다가 기도하다를 반복했다. 눈물은 그쳤는데 콧물이 계속 쏟아졌다. 새벽이 되어 새벽기도를 하려고 불을 켰다. 나는 깜짝 놀라고 말았다. 밤새 흐르던 콧물은 콧물이 아니라 코피였던 것이다. 얼굴이 코피로 뒤범벅되어 있었다.

이 일이 있은 후, 땅 주인의 아들이 설 명절을 맞아 서울에서 고향 집으로 잠시 내려왔다. 그 아들은 예수님을 믿었다. 아들은 아버지로부터 그 이야기를 듣게 되었다. 후에 알게 되었지만, 그 아들과 어머니는 아버지를 설득해 아버지의 마음을 움직여 주셨다. 하나님은 우리의 기도와 눈물, 코피까지도 다 보신 후에야 어려운 그분의 마음을 움직여 주셨다.

하나님이 그분의 마음을 움직여 주신 덕에 그분은 자기 손으로 땅 문서를 들고 교회에 나와 바쳤다.

그분은 그 땅을 하나님께 바치면서부터 하나님을 믿기 시작했다. 땅과 함께 몸도 바친 것이다. 하나님의 역사는 놀랍다. 그 후 내 손으로 세례를 주고 집사직분까지 임명하였다. "노랭이 구두쇠라 불렸던 분이 자기 땅문서를 들고 교회에 바친다는 것은 정말로 큰 기적"이라고 믿지 않는 마을 사람들까지도 이구동성으로 말하기도 했다.

귀래교회를 건축하고 내가 서울로 떠나려고 할 때, 집사님은 나에게 꼭 할 말이 있다며 함께 귀래교회를 한 바퀴 돌자고 제안하셨다.

"전도사님. 이 교회를 어떻게 지었는지 아무도 모르지만 하나님만이 아십니다. 그리고 저와 전도사님만이 알지요."

함께 손을 잡고 교회를 돌면서 말씀하시던 집사님은 지금 예수님 곁에 계신다.

# 홍수 속에서 일어난 기적

귀래 교회 건축을 하는 동안, 크고 작은 어려움들이 많았다. 땅 위치는 좋았지만 땅의 지대가 다른 곳에 비해 낮았기 때문에 그만큼 땅을 높이는 기초 작업을 해야만 했기 때문이었다. 밤마다 전 성도들이 리어카로 흙과 돌을 담아 낮은 땅을 채우기 시작했다. 농촌이라 낮에는 모두가 농사일로 바빴기 때문에 저녁에 모였다. 하루 종일 일을 하고도 하나님 성전 건축을 위하여 기쁨으로 모여 봉사했다. 바쁜 중에도 하나님 성전을 짓겠다는 뜨거운 믿음으로 밤마다 모여서 헌신했던 성도들을 생각하면 고맙고 감사한 마음뿐이다. 귀래교회 성도들을 잊을 수가 없다.

며칠 밤을 리어카를 수없이 끌고 흙을 퍼서 왔다갔다 채워 보았지만 땅은 마치 돌 하나를 한강에 던지는 것처럼 도무지 채워지지 않았다. 후에 건축업자에게 들었더니 낮은 땅을 메우기 위한 기초 작업을 위해서는 "8톤 트럭으로 300대분의 흙이 필요하다"는 것이었다. 그러나 돈이 없는 교회에서 이러한 인력과 장비를 동원할 수 없었다.

당시 비포장도로를 포장도로로 만들기 위해 공사하는 도로공사 현장 사무소가 귀래 지역에 있었다. 마침 그곳에서 일하던 청년이 교회에 출석하고 있었다. 그 청년과 땅을 메울 수 있는 방법에 대해 의논하였다. 워낙 말단 위치에 있었기에 그 청년 힘으론 장비를 동원하는 것이 불가능했다. 그러던 어느 날, 그 청년은 현장소장이 출타한 틈을 타서 불도저를 끌고 나와 어느 집사님 집 밭에서 흙을 밀다가 그만 구덩이에 빠져 오도 가도 못하게 되었다. 그 밭이 물이 흐르는 물구덩이인 것을 몰랐던 것이다. 흙을 메우는 것은 차치하고 소장 허락도 없이 불도저를 가지고 나온 것이 문제가 됐다. 구덩이에 빠진 엄청난 무게의 쇠 덩어리 불도저를 어떻게 꺼내야 한단 말인가? 우리 교회 힘으론 아무것도 할 수 없어서 그저 바라만 보았다. 공사현장에 필요한 도구이니 공사현장의 장비들이 총 동원되어 꺼내어 갔다. 물론 그 청년은 그 일로 호된 질책을 받기도 했다.

그러던 어느 날, 지역 일대에 큰 홍수가 나서 제방이 붕괴되는 사건이 발생했다. 그러자 군에서 포클레인과 불도저 등을 동원하여 긴급 보수공사를 시작했다. 그 일로 인하여 교회는 공사하던 중장비 운전자들에게 약간의 수고비만 주고 땅의 기초 작업을 할 수 있었다. 그런데 문제는 8톤 트럭 300대 분의 흙을 구해오는 것이었다. 마침 새 신자가 자신의 산에서 흙을 제공하여 기초공사를 은혜로 마칠 수 있었다. 하나님은 어려울 때 마다 순간순간 도와주시고 기적을 주셨다.

기초 공사 후 건물의 뼈대를 올리기 위해 우리교회가 먼저 할 일은 1.5m의 깊이로 사방둘레 2x2m 넓이로 20개 이상의 기초공사 구멍을 파야만 하는 일이었다. 교회는 건축할 수 있는 돈이 없었기에 건축 기술자만 고용하고, 나머지 모든 일은 교회에서 직접 해야만 했다. 그러나 막상 구멍을 삽으로 파려고 하니 터무니가 없었다. 큰 돌과 흙으로 메워진 땅은 삽으로 아무리 파도 큰 돌들에 막히어 파지지 않았다. 열흘이 지나도록 구멍 하나를 파지 못했다. 2층 건물을 짓기 위해서는 콘크리트 철근 기둥을 세워야 하는데 20개 이상의 구멍을 판다는 것은 마치 계란으로 바위를 치는 것과도 같았다. 한편, 건축업자는 빨리 구멍을 파야 건물을 올릴 수 있다고 재촉하였다.

그런데 다시 한 번 큰 홍수가 나면서 근처의 제방들이 터져 버렸다. 군청에서 보낸 포클레인들이 제방 공사를 하러 나왔다. 우리는 교회 사정이야기를 하고 포클레인으로 교회 건축에 필요한 기초공사를 할 구덩이를 파달라고 부탁했다. 마침, 그 때는 공사가 끝난 무렵이라 학 같이 생긴 포클레인을 가지고 왔다. 마치 학의 부리처럼 생긴 포클레인이 쿡, 쿡~ 몇 번 찍으니 구덩이가 쉽게 파졌다. 사람 손으로는 파지지 않던 구덩이였지만 학같이 생긴 포클레인이 나서니 30분도 안 되어 기초공사에 필요한 모든 구덩이가 다 파졌

새로 건축한 귀래교회

다. "사람이 하면 몇 달, 몇 년이 걸려도 안 되는 어려운 일을 하나님이 하시니 단 30분도 안 되어 해치우시는구나" 라면서 감사했다. 하나님은 참으로 이모저모로 그 때 마다 기적으로 귀래교회 건축을 주관하셨다.

# 경운기의 달인이 되다

당시 시골농촌교회는 일손이 없었기 때문에 나는 손수 밀짚모자를 쓰고 경운기를 몰며 자재를 실어 날랐다. 성도들과 함께 밤마다 찍어 낸 벽돌들을 건축 현장까지 경운기로 운반했다. 뿐만 아니라 성전 건축에 필요한 철근과 시멘트, 콘크리트를 채우기 위한 거푸집, 그리고 자갈과 모래 등을 운반해야 했다.

기다란 철근이나 무거운 콘크리트 거푸집을 운반하는 일은 매우 위험했다. 비포장도로를 이용해 경운기로 이런 건축자재를 운반하는 것은 어려운 일이었다. 경운기는 일반 화물차의 핸들과는 전혀 달라 경운기 앞머리를 온전히 운전자의 손과 힘으로만 컨트롤해야 하기 때문이었다. 많은 단련이 되지 않으면 컨트롤 할 수가 없었다. 그래서 경운기 사고가 가끔 발생하곤 했는데 심한 경우 사망사고까

귀래교회에서
아내와 함께

지 이어지기도 한다.

나도 물론 처음엔 경운기를 다루는 것이 무척 어려웠다. 한번은 무거운 건축자재를 싣고 마을 좁은 길을 가다가 중심을 잡지 못하고 경운기와 함께 남의 집 담벼락을 받아버리고 말았다.

엄청난 충격이 몸에 다가 왔다. 경운기와 담벼락 사이에 내 오른 다리가 끼어서 바지가 갈기갈기 찢어지고 살점이 떨어져 나가 피로 다리가 물들었다. 이런 큰 충격에도 다리가 부러지지 않게 하셔서 계속 일을 할 수 있게 하신 하나님의 은혜에 감사했다.

이런 수많은 사건의 과정들을 통해 계속 경운기를 다루다 보니 점차 익숙해졌고 나중에는 경운기를 자유자재로 다룰 수 있는 달인이 되었다. 경운기에 산더미 같은 건축자재와 벽돌을 싣고도 잘 몰았다.

또한 삽을 들고 매일 일하다 보니 손바닥이 찢어지고 아물기를 수없이 반복했다. 열심히 일하는 모습이 안타까웠는지 믿지 않는 사람들도 찾아와 음료수를 주면서 격려해주기도 하였다.

바쁜 일손들을 마치고 밤이면 함께 기도하며 몸으로 봉사한 귀래 교회 성도들의 아름다운 헌신이 있었기에 모든 어려움을 이길 수 있었다.

# 손수 찍은 6만장의 벽돌

건축업자는 벽돌 6만장을 준비하라고 했다. 그러나 벽돌을 살 수 있는 형편이 되지 않았다. 한편, 마을에는 비포장도로 공사를 위한 작업이 한창이었다. 도로 공사 현장에서 일하는 한 직원의 부인이 우리 교회를 다니고 있었다. 그 집사님에게 부탁을 하여 남편에게 교회를 위해 모래를 제공해 달라고 했다. 그분은 모래와 자갈 섞인 8톤 트럭 18대 분량을 실어다 주셨다. 그것을 둘 공간이 없었기 때문에 농협 창고 앞에다가 임시로 쏟아 놨다. 쏟아놓고 보니 창고 앞을 가릴 정도였다. 창고 앞에 놓을 수 있었던 것은 농협 직원이었던, 지금은 장로가 된 청년 안보욱 씨의 묵시적인 동의가 있었기 때문이다. 나중에 농협 소장이 알자 "당장 치우라"고 호통치고 난리가 났다. 하지만 나는 "네 알겠습니다." 대답만 잘 할 뿐이었다. 속으로는 '이것을 어디에 치우나?' 걱정하지 않을 수가 없었다. 트럭과 중장비가 동원되지 않는 한 엄청난 양의 모랫돌은 치울 수가 없었던 것이다. 모래를 옮겨가기는커녕 그 앞에서 벽돌까지 찍었다. 교회를 건축할 때에야 비로소 다 치울 수가 있었다.

모래만 있으면 좋으련만 자갈이 섞여 있었기 때문에 벽돌을 찍을 수 없었다. 하는 수 없이 매일 밤 성도들과 함께 철망 흙가래를 세워 놓고 자갈과 모래를 분리하기 시작하였다. 엄청난 양의 모래와 자갈을 성도들과 함께 매일 밤 달밤에 체조하듯 한 삽씩 한 삽씩 떠서 철로 만든 망에 걸러 냈다. 수개월동안 매일 밤 걸러낸 끝에 6만 장의 벽돌을 찍을 수 있게 되었다. 모래와 분리한 돌은 콘크리트 기초에 사용되었다. 성전 건축은 귀래교회 온 성도들의 땀과 노력, 헌신의 결정체였다. 돈이 없었기 때문에 성전 건축에 기술자만 고용하고 나머지 모든 자재와 인력은 오로지 교회의 성도들이 하였다. 낮에는 농사 일을 하느라 피곤한 가운데서도 저녁마다 교회에 나와서 벽돌을 찍고, 흙을 나르는 등의 여러 가지 잡일을 손수했다. 낮에 시간이 있는 성도들은 고용한 건축업자들을 위해 국수를 삶아 나르거나 음식을 준비하면서 교회를 세웠다. 그 때 귀래교회 성도들을 생각하면 너무도 고맙고 감사한 마음뿐이다. 오직 성전을 짓겠다는 하나님을 향한 뜨거운 믿음으로 최선을 다하고 헌신했던 그 아름다운 일들은 내가 목회에 나선 첫 시작부터 이뤄진 영원히 잊을 수 없는 추억이다. 모든 일을 준비하신 하나님께 감사를 드린다. 여호와 이레!

# 2층 교회의 새 성전을 완공하던 날

어려움 속에서도 하나님의 은혜로 1979년 가을, 귀래 교회를 2층으로 아름답게 지어 봉헌하였다. 지금까지 성전이 건축되는 모든 과정을 생각해보니 하나님의 기적이 아니고서는 도저히 이룰 수 없는 대역사였다. 건축공사 비용이 없어 기술자만을 고용하고 나머지 모든 노력봉사는 나와 성도들이 합심으로 맡아서 최선을 다하여 기쁨으로 헌신하였는데, 하나님이 때를 따라 기적으로 인도해 주셨다. 아무리 생각해봐도 성전을 건축할 수 있는 형편이 아니었다. 정말 귀래교회의 성전 건축은 하나님의 기적만으로 이뤄졌다. 아무리 어려워도 기도하고 하나님을 향한 순수한 믿음으로 최선을 다하면 하나님은 반드시 도와주신다.

성전을 건축하고 교회 앞마당에 조경을 하려고 산에서 자연석을 모아오고 나무들도 준비했다. 그러나 조경을 제대로 해줄 만한 사람이 없었다. 그래서 또 기도하지 않을 수 없었다. 그때 하나님은 때에 맞게 한 사람을 보내주셨다. 믿지 않던 중학교 선생 내외가 교회에 등록 했는데 그분이 조경을 할 줄 알았던 것이다. 그래서 그와 함께 성도들이 도우며 교회 앞마당 조경 공사를 시작할 수 있었다. 처음으로 교회에 나왔지만 열심히 성도들과 함께 교회 앞마당 조경 공사를 기쁨으로 하였다. 손수 큰 돌을 움직이는가 하면 나무를 심기도 하였다. 그런 공사 중에 결혼 때 받은 다이아반지를 잃어버리는 사건이 생겼다. 새신자였기에 나는 많은 염려를 하지 않을 수가 없었다. 당시에 결혼할 때 다이아반지를 받는다는 것은 굉장히 드물고 그만큼 귀한 것이었기 때문에 그것을 잃어버렸다는 것은 그분에게는 큰 충격이었다. 그러나 감사하게도 그분은 하나님의 일을 하다가 잃은 것에 대하여 불평하지 않고 마지막까지 기쁨으로 봉사하였다.

믿지 않았던 마을 사람들까지도 성전이 건축된 것을 보고 놀라면서 "이 지역에 새마을 사업을 해주었다"고 말하며 감사하다고 했다. 시골마을에 아름다운 2층짜리 교회가 건축되어 마을이 아름다운 모습으로 비춰졌기 때문이다.

# 하나님의 테스트

귀래교회에 부임했을 때 흙벽돌 예배당은 너무 오래되어 여기저기 금이 가 있었다. 이런 성전을 보며 교회를 건축하고 싶은 마음이 생겼다. 성전이 잘 지어져야 교회의 부흥이 일어날 것이며, 내가 떠난 후에 다른 후임자가 오더라도 안정된 목회를 할 수 있으리라 생각되었다. 성전이 반듯하게 서 있어야 지역을 복음화시킬 수 있다고 생각했기 때문이다. 그러나 미자립 교회의 형편으로 교회 건축은 불가능한 일이었다. 내 앞서간 전임자들도 성전 건축의 비전을 가졌겠지만 열악한 현실에서 엄두가 나지 않았을 것이었다. 나는 조금 다른 생각을 가졌다. 하나님의 뜻이 어디에 있는가를 찾아보았다. 내가 힘들어도 성전을 건축하여 안정된 교회로 만들고 떠나고 싶었다. 그래서 기도 중에 성전 건축의 꿈을 선포한 것이었다.

성전 건축의 꿈을 선포한 후 몇 개월이 흘러갔다. 어느 날 강원도 인제교회에서 청빙이 왔다. 전임 목사님이 인천으로 사역지를 옮기면서 나를 소개했던 것이다. 목사님은 원주에서 만나자고 하셨다. 목사님은 홍전도사 같은 사람이면 인제 교회에 좋으니 청빙하면 부임하라는 것이었다. 인제교회로 꼭 오라는 것이었다. 나는 사정을 말씀드렸다. 교회를 건축하기로 하여 어렵다고 말씀드렸다. 나를 아꼈던 목사님은 큰 교회에서 청빙하면 가야 된다고 하셨다. 인제성결교회에서는 나를 후임자로 이미 결정하고 있었다.

며칠 후, 인제성결교회의 권사님과 집사님이 귀래에 있는 나를 청빙하기 위하여 찾아오셨다. 갑작스런 그분들의 방문에 너무 놀랐다. 그분들은 하룻밤을 머물며 나와 사모에게 인제교회로 함께 자고 가길 간절히 청했다.

"오래 머무실 것 없습니다. 우리와 함께 짐을 꾸려서 가십시다. 우리가 귀래교회에 와서 보니 전도사님을 모셔가도 마음에 부담이 없을 듯합니다. 귀래교회는 인제교회에 비해 너무 열악하고 사택은 더욱이 흙집입니다. 인제교회 사택은 새로 지은 좋은 집입니다. 귀래교회에서 받는 사례비는 저희 교회가 드리는 것에 비하면 10분의 1도 안 될 것 같습니다. 전도사님, 바로 짐을 싸 가십시다. 아니면 며칠 후에 다시 모시러 오겠습니다."

간청하는 그분들의 말씀에 나와 아내는 한동안 마음에 갈등이 왔다. 솔직히 1백 번이라도 가고 싶었으나 마음 한구석에는 이러한 외침이 들렸다.

'교회 건축한다고 선포해 놓고 좋은 교회에서 청빙이 왔다고 떠나 간다면 하나님이 과연 앞으로의 내 목회를 축복하실까?'

"저희들의 마음은 백 번이고 가고 싶지만 교회를 건축한다고 기도하며 선포하였기에 갈수가 없습니다. 저희는 교회 때문에 못 갑니다."

그분들을 돌려보내고 나니 마음이 괴로웠다. '인제교회로 갈 것을 내가 잘못 생각했나?' 일주일 내내 마음이 아팠고 내내 갈피를 잡을 수 없었다. 그러나 성전으로 달려가서 하나님께 간절히 기도드릴 때 마음에 평안함을 주셨다.

만약 그때 더 좋은 여건의 목회지를 찾아 성전 건축의 꿈을 버리고 갔었다면 서울 목회도, 미국 목회도 없었을 것이다. 인제교회로 가서 안정된 교회에 안주했다면 서울 개척을 생각하지 않았을 것이다. 또한 서울에 가지 않았다면 오늘의 미국 목회도 없었을 것이다. 더 나아가 성결교회의 불모지인 미국 중남부 텍사스에 성결교회의 깃발을 꽂지도 못했을 것이다. 그리고 미주성결교회 중남부지방회가 탄생되는 역할도 하지 못하였을 것이며, 미주성결교회 총회장도, 명예신학박사를 받는 축복도 없었을 것이다.

# 다
# 내려놓고

성전 건축에 이어 교회 사택을 신축하였다. 당시는 새마을 사업이 진행될 때라 군청으로부터 지원을 받을 수 있었다. 교회 옆에 아담한 사택을 짓고 1년간 살게 되었다. 하나님께서는 우리에게 흙집에서처럼 비가 온다고 밤새도록 물을 퍼낼 염려가 없는 좋은 집을 주셨다. 밤새도록 흙집 깊은 부엌에서 물을 푸면서 언젠가 좋은 집을 주실 것이라고 기대하며 하나님을 바라보았는데, 그때 믿음대로 이루어진 것이다.

만 4년 동안 눈물과 피를 쏟았던 귀래교회를 떠날 때, 전 재산이라고는 아들 현민과 딸 윤경이가 전부였다. 사택에 처음으로 들여 놓은 냉장고가 하나 있었는데 서울 개척 때 꼭 가져가고 싶었다. 당시 냉장고는 시골에서 귀했다. 서울 개척을 하려면 냉장고 하나

쯤 있었으면 좋으련만… 하는 마음이었다. 그러나 귀래교회에 부임하여 4년 동안 모든 것을 쏟아 부었다, 건축 현장에서의 땀과 기도의 눈물 콧물, 코피… 다 쏟아 붓고도 성전 건축에 드릴 것이 없어서 아들 돌 반지마저 드렸는데 그깟 냉장고에 욕심을 두지 말자, 어차피 아무 것도 가진 것 없이 떠나는 마당에 하나님 앞에서 깨끗하게 떠나자 하는 생각이 들었다. 덕분에 서울 개척할 때, 뜨거운 여름 전도하느라 비 오듯 흐르는 땀에 범벅이 되면서도 냉장고 없이 한 여름을 지냈다.

서울로 떠나기 얼마 전, 어려운 농촌교회 전도사로부터 연락이 왔다. 자기 딸이 중병이 들어 죽게 되었다는 것이다. 서울 세브란스병원에 입원하여 치료를 받아야 하는데 800만원의 돈이 든다고 했다. 그 때 당시 800만원은 어마어마한 돈이었다. 지금의 아파트 몇 채 값 정도일 것이다. 그래서 나는 그 전도사님에게 "큰 교회 목사님들에게 사정해 보라"고 했다. 그러자 전도사는 여러 군데 도움을 요청하였지만 도움을 받지 못했다고 말했다. 왜 이 전도사가 어려운 나에게 도움을 요청했을까 생각해 보았다. 아마 그 전도사는 내가 얼마라도 가지고 있으면 도와주었으면 했던 것 같았다. 그러나 교회건축 후 내 수중에는 남은 돈이 전혀 없었다. 서울로 간다고 성도들이 조금씩 모아준 20만~30만 원 정도가 전부였다. 그것은 개척하러 가는 우리에게 비상금이자 전 재산이었다. 마음에 갈등이 왔다. 지금 내게 있는 전부를 보내주어야만 하는가? 그래서 아내와 의논을 하였다. 그랬더니 아내는 이렇게 말했다.

"어차피 우리는 빈손으로 왔다가 빈손으로 갑니다. 기다리는 성도도 맞이할 성도도 하나 없는 서울로 개척하러 가는데 이 돈은 있어도 살고, 없어도 살 수 있습니다. 오직 하나님만 의지하고 도와줍시다."

나는 가지고 있던 돈을 모두 전도사에게 보내주었다. 그리고 빈손으로 서울로 올라왔다. 하나님은 불꽃같은 눈으로 우리들의 모습 하나하나를 모두 보고 계셨다. 그리고 넘치는 교회 부흥의 축복을 주셨다. 우리는 축복을 바라고 하지 않았는데도 하나님은 교회 부흥의 축복으로 보상해주셨다.

# 서울 가락교회 개척

### 개척 목회도 반드시 된다!

건축 이후 귀래 교회는 점차 자립하며 안정되기 시작했다. 교회가 건축된 이후 부흥이 되었고 농촌에서 약 80명 정도 모이기 시작하였다. 당시 내가 가진 것은 아무것도 없었지만 꿈과 비전만은 있었다. 아직 젊음이 있을 때 새로운 개척을 하고 싶었다. 그리고 새로운 개척은 대도시에서 해야 한다는 생각을 가졌다. 그래서 서울 개척에 소망을 품었다.

귀래교회 성전을 건축하고 첫 사무총회가 열렸는데 당시 나는 전도사였기 때문에 원주에서 치리목사님이 오셔서 사무총회를 인도하셨다. 성전 건축 후 처음으로 나의 사례비를 책정해 주었다. 치리

목사님이 떠나신 이후 당시 도시에서 새로 온 집사가 사람들을 선동하여 내 사례비를 줄여야 한다면서 “교회를 건축하고 재정도 어려우니 깎아야 되겠습니다”라고 주장했다. 그 때 나는 많이 상심이 되었다. 나는 귀래교회를 건축하기 위해서 모든 것을 헌신하고 드렸는데 교회건축을 명분으로 적은 사례비마저 깎는다니…. 그러나 나는 인내하면서 “그래요 맘대로 하세요. 괜찮아요” 라고 말했다. 그러면서 속으로 이렇게 외쳤다.

‘나는 빈손으로 와서 모든 것을 바쳐 성전을 건축하느라 탈진했지만 어차피 아무것 없이 새로운 곳으로 개척하러 떠나야 할 사람이다…….’

그로부터 3개월 후, 귀래교회를 떠나 서울로 새로운 개척을 위해 떠났다.

어느 날 경기도 칠보산 기도원으로 올라갔다. 산기도 중에 하나님께서 새로운 개척의 비전을 확정시켜 주셨다. ‘어디에서 새로운 개척을 할 것인가?’ 가진 것은 아무 것도 없지만 기도하고 나니 마음이 평안했다. 이후 겨우 차비만 가지고 열심과 뜨거움으로 대전, 수원, 인천 그리고 서울로 다니면서 개척할 지역을 찾기 시작했다. 결국 서울 강남에 있는 잠실 옆 가락동에서 교회를 개척하기로 결심하게 되었다. 가락동 지역은 서울시에서 개발을 하고 있었으며, 아파트 단지를 짓고 있었기 때문에 교회가 필요할 것이라고 생각되었다. 아파트 단지는 전도하기 좋은 황금어장이라는 확신이 들었다.

그러나 수중엔 단돈 만원도 없었다. 어떻게 개척하나? 아이들에게 우유 하나 사 먹일 수 없는 형편인데, 예배드릴 처소를 임대할 돈을 구할 생각을 하니 더욱 암담했다. 서울 올라올 때, 가진 것이라고는 귀래 교회 성도들이 모아준 쌀 몇 말과 플라스틱 통에 담아준 김장김치 힌 통이 전부였다. 이 정도면 서울에 가서 몇 달 정도는 살 수 있을 것이라 생각되었다. 주변의 모든 상황은 어려웠지만 개척의 비전만은 결코 포기할 수 없었다.

### 돈이 있어야 상가건물을 얻지?

선교비를 보조받기 위하여 천지사방을 다녔지만 갈 곳도, 도움을 얻을 곳도 없었다. 어느 날, 우연히 크리스천 신문에 교회 개척을 지원한다는 어느 단체의 기사를 읽고 무작정 찾아갔다. 담당자를 만나보았으나 헛수고만 하였다. 문득 평소 알고 있었던 서대문구 연희성결교회 임헌평 목사님에게 전화를 해야겠다는 생각이 들었다. 공중전화로 전화를 걸었다.

"목사님. 개척을 하려고 하는데 서울에서 적당한 장소를 정했습니다. 그런데 상가를 계약할 돈이 하나도 없습니다."

그러자 목사님은 "마침 우리 교회에서 개척교회를 세우려고

200만원을 준비하고 있으니 빨리 나를 찾아오라"고 하셨다. 연희 교회의 개척 지원금 200만원으로 가락동 아파트 쪽에 상가를 계약하였다. 그렇게 해서 가락교회는 시작되었다. 그것은 정말 하나님의 역사였다. 찾고 구하는 자에게 하나님은 주시는 것이다.

'구하라 그리하면 너희에게 주실 것이요 찾으라 그리하면 찾아낼 것이요 문을 두드리라 그리하면 너희에게 열릴 것이니 구하는 이마다 받을 것이요 찾는 이는 찾아낼 것이요 두드리는 이에게는 열릴 것이니라 너희 중에 누가 아들이 떡을 달라 하는데 돌을 주며 생선을 달라 하는데 뱀을 줄 사람이 있겠느냐 너희가 악한 자라도 좋은 것으로 자식에게 줄 줄 알거든 하물며 하늘에 계신 너희 아버지께서 구하는 자에게 좋은 것으로 주시지 않겠느냐' 마태복음 7:7-11

## 비전을 선포하며

하나님의 은혜와 기적으로 1981년 3월 5일 서울 송파구 가락동에서 가락성결교회가 시작되었다. 한국과 세계를 향한 선교 비전의 표어를 세우며 전도지에 다음과 같은 문구를 넣었다.

"오늘은 서울, 내일은 한국, 모레는 세계로"

사람들이 보기에 너무 황당했을는지 모른다. 아무것도 없는데 오늘은 서울, 내일은 한국, 모레는 세계를 선포하고 있으니 말이다. 스스로 생각해도 현실적으로 가능성이 없는 일을 믿음만 가지고 선포하고 있었다. 아무리 형편이 어렵고 작아도 교회는 앞으로 뻗어 나가야만 한다는 것이 목회의 소신이었다. 서울에 개척하는 교회를 부흥시켜 한국 땅을 복음화 하는 일에 계속 앞장서기를 원했다. 그리고 선교비를 지원하여 약한 교회들이 그 지역에 잘 세워지고 예수님의 피의 복음이 더욱 전파되기를 원했다. 서울에서 가락교회를 개척하던 그 다음 해부터 한 교회씩 선교비를 지원하였고, 해마다 계속해서 지원하는 교회의 수를 늘려갔다. 그리고 더 나아가 해외 선교사를 지원하여 세계를 향해서 선교할 수 있기를 바라는 간절한 소망을 실천해 나갔다. 그때 나는 히브리서 11장1절의 말씀을 붙들었다.

'믿음은 바라는 것들의 실상이요 보지 못하는 것들의 증거니' 히 11:1

## 교회 백화점

서울 가락동에서 새로운 개척이 시작되었다. 나는 서울에서의 새로운 개척은 대부분 농촌에서 목회하다가 도시로 나오거나 도시에서 교회를 처음 시작하는 것으로만 생각했다. 그러나 막상 보니 상황이 너무 달랐다. 가락동 지역에 세워진 교회들을 보니 나처럼 새롭게 개척해 세워진 교회가 아니라 다른 지역에서 이미 있었던 기존교회가 이전한 경우가 많았다.

가락교회를 세우기 위해 조그마한 상가 2층을 임대하여 입주한 뒤 같은 상가에 교회가 4개나 들어왔음을 알게 되었다. 4개의 교회

중에 새로 시작하는 교회는 가락교회가 유일했다. 3개 교회는 서울의 다른 지역에서 이전해 온 교회들이었다. 가락교회는 성결교회였지만 다른 3개의 교회는 각각 교파가 달랐다. 그래서 나는 백화점에 가면 다양한 품목을 고를 수 있듯이 4개 교회가 들어서있는 상가에 오면 교파에 따라 교회를 선택할 수 있으므로 우스갯소리로 "교회 백화점"이라고 불렀다.

주일 예배는 오전 11시에 드리는 것이 보편적이다. 그런데 상가의 출입문은 단 하나뿐이었다. 오직 그 하나의 문으로 4개 교회 성도들이 각기 드나들어야만 했다. 그러다 보니 같은 문 입구에서 4개 교회의 성도들이 나와서 안내를 서야만 했다. 그러나 우리 가락교회는 성도가 없어서 아내가 혼자서 안내를 섰다. 어린 두 자녀는 아내의 손목을 붙잡고 있기가 일쑤였다. 예배가 11시에 시작되면 사방에서 찬송의 소리가 들렸다. 성도가 좀 많은 교회는 찬송과 기도 소리가 크게 나고 우리 같이 작은 교회는 소리가 작았다. 그래서 나와 아내 그리고 아이들은 찬송을 더욱 크게 불렀다. 마치 백화점에서 상품을 팔기 위해서 서로 경쟁을 하듯 한 사람이라도 들어오면 자기 교회로 끌어가려고 치열한 경쟁을 벌였다.

### 개척 그리고 낙심

가락교회를 개척하기 위해서 동분서주 뛰어다닐 때, 어느 큰 교회를 찾아가 선교비를 지원해 달라고 요청했다.

그 교회 목사님은 나에게 "개척자금을 얼마나 준비했느냐"라고 물으셨다. 그래서 "돈은 준비한 것이 없습니다"라고 대답하자 목사님은 "무모하다"고 꾸짖기만 하고 그냥 돌려보냈다.

빈손으로 나오는 나의 모습이 너무 처량했다. 개척은 교회가 없는 곳에 세우는 것이며, 또한 도시 목회는 나같이 시골 경험을 바탕으로 더 넓은 도시로 와서 하는 것이라고 생각하였던 것이 다 무너지는 순간이었다.

당시는 가락시영아파트가 신축되어 들어서면서 많은 교회들이 몰려드는 상황이었다. 서울의 다른 지역에서 이전해 온 교회들은 예배 후 대형버스로 성도들을 실어 날랐다.

으샤~ 으샤 하는 주변 교회의 분위기에 반해 아무것도 없었던 나는 크게 낙심이 되었다. 가락교회는 아내 외엔 성도가 한 사람도 없고, 어린 자식 둘 뿐이었기 때문이다. 성도 하나 없는데 어떻게 저 경쟁교회들을 이기고 살아남을 수 있을까?

나의 개척 환경은 미약하고 초라했다. 대형교회들을 감당해 내기에는 역부족처럼 느껴졌다. 마치 민수기13장에 가나안 땅을 정탐하고 돌아온 12정탐꾼 중에 10명의 정탐꾼들이 아낙의 거인들을 보고 죽는다, 못 들어간다, 자신들은 메뚜기 같다고 했던 환경과 비슷했다. 나는 절망 속에 빠져 있었다. 그래서 임헌평 목사님을 찾아가서 교회의 주변 상황을 말씀 드렸다.

“교회 개척은 저 같은 경우나 하는 줄 알았는데 보니까 그게 아닙니다. 많은 신자들을 가진 교회들이 몰려오고 커다란 교회 버스가 사람을 실어 나릅니다. 나는 정말 개척을 포기하고 싶습니다. 시골에라도 들어가서 목회를 하고 싶습니다. 목사님도 알다시피 저는 아는 신자도 없잖아요. 어린아이 둘 뿐인데….”

그 때, 임헌평 목사께서는 이렇게 나에게 말씀해 주셨다.

“홍 목사 힘내고, 열심히 해봐.”

나는 그 말 한마디에 힘을 얻게 되었고, 다시 개척 현장으로 돌아올 수 있었다. 만일 임헌평 목사님이 그렇게 이야기해주지 않았다면 개척은 성공하지 못했을 것이다.

힘을 주는 말 한 마디가 성공과 실패를 갈라놓았다. 지금은 은퇴하신 임헌평 목사님을 존경한다.

‘네 입의 말로 네가 얽혔으며 네 입의 말로 인하여 잡히게 되었느니라’ 잠언 6:2

‘죽고 사는 것이 혀의 힘에 달렸나니 혀를 쓰기 좋아하는 자는 혀의 열매를 먹으리라’ 잠언 18:21

## 공사장에서 주어온 벽돌로

연희교회의 개척 지원 자금으로 상가를 임대하여 얻었지만 교회 안에 기본적으로 있어야 할 성물이 필요했다. 다행히 의자는 연희교회 여전도회에서 마련해 주었다. 그러나 스피커도, 마이크도 없었다. 조그마한 강대상은 아는 분께서 믿음으로 봉헌해 주셨다. 강대상을 올려놓을 강단조차 만들 돈이 없어 근처에 상가를 짓고 있던 공사장으로 가서 버려진 벽돌을 주어다가 그 위에 베니어판을 한 장 사서 얹었다. 그리고 그 위에 보자기를 씌우고 강대상을 올려놨다. 그것이 교회의 전부였다. 초라하기 그지없었다.

개척 후에는 아내와 3살, 5살짜리 아이들을 놓고 예배를 드렸다. 가족만 놓고 예배드리는 것처럼 어려운 것이 없다. 아내를 향하여 목사를 잘 섬기라고 할까? 어린 3살짜리와 5살짜리 자식들에게 무슨 교회 봉사를 말하겠는가? 개척교회 목사의 심정은 개척한 사람이 아니면 아무도 모른다.

어느 주일에 아내는 밖에서 기약도 없는 신자를 기다리고 있었고 다섯 살, 세 살의 두 아이는 철도 없이 문 입구에서 뛰어 놀고 있었다. 내가 강대상 뒤에 엎드려 있는데 한 여자 분이 들어왔다가 “이 교회는 예배도 안 드리는 교회인가?” 말을 남기고 옆 교회로 갔다. 그날 아무도 없이 주일을 넘기고 나니 너무 마음이 아팠다. 아침에 왔던 그 신자라도 등록했었더라면 하는 아쉬움뿐이었다.

## 전쟁터 같았던 아파트 전도 "볼 일이 있어요!"

아내와 나는 열심히 뛰었다. 한 사람이라도 전도하려고 무수히 아파트를 오르고 내리고 했다. 전도하려고 새 입주자들을 파악하기 위하여 동사무소에 찾아가서 직원들에게 음료수를 대접하면서 아파트 호수를 파악하기도 했다. 새 입주자들을 파악한 후에는 일일이 가가호호 방문하며 전도했다. 당시 아파트는 5층으로 엘리베이터가 없었다. 하루에도 수백 호의 아파트를 오르내리며 전도했다. 그러다 보니 아내의 무릎이 상했다. 그 충격은 지금까지 이어지고 있다.

아파트 문을 두드리며 가가호호 전도할 때 여러 부류의 사람들을 접하게 되었다. 냉대와 멸시를 하는 사람이 있는가 하면 아예 문을 걸어 잠그고 열어주지 않는 사람들도 있었다. 그러나 새로 이사 와서 교회를 정하려고 하는 사람을 만났을 때에는 뛸 듯이 기뻤다. 복잡한 이삿짐을 풀고 있는 현장에서 기도를 받고 등록을 할 때에는 천하를 얻은 것보다 더 소중하고 기뻤다. 그 기쁨과 행복은 개척자만이 얻을 수 있는 것이리라.

어떤 경우에는 가능성 있는 한 가정을 전도하려고 30번 이상을 찾아가기도 하였다. 아파트 문도 안 열어주던 자매는 나를 쳐다보면서 이렇게 말했다. "목사님 참도 질기시네요. 들어오십시오" 하며 문을 열어주었다. 그리고 등록하기도 하였다. 아파트 전도는 현관문을 열어주느냐 안 열어 주느냐에 달려 있었다. 딩동 하고 초인

종을 누르면 사람들은 반드시 누구냐고 묻는다. 당시에 아파트 단지 쪽으로 수많은 교회들이 몰려 와서 전도하려고 초인종을 눌러서 대부분 사람들은 교회에서 왔다고 하면 문조차 열어주지 않았다. 그래서 우리는 하나님 앞에서 거짓말도 안하고 지혜로운 방법을 쓰기로 했다. 딩동 하고 초인종을 누른 후 누구시냐고 물을 때면 "볼일이 있어서 왔습니다." 라고 대답했다. 그러면 대부분 현관문을 열어 주었다. 전도도 영적인 볼일이라 생각했기 때문이다. 문을 연 주인이 "누구십니까? 무슨 볼일입니까?" 하면 전도지를 전하면서 "가락교회에서 왔습니다." 그러면 이삿짐을 풀어놓은 상태에서 기도 받는 사람이 있는가 하면 이삿짐이 널려있는 가운데서 교회를 등록하는 사람도 있었다.

"볼일이 있어서 왔다"고 한 우리가 교회에서 온 것을 알면 사람들은 현관문을 닫으려고 한다. 그래서 주인이 현관문을 열었을 때, 내 발은 이미 아파트 문을 닫지 못하도록 걸쳐 놓은 상태였다. 볼일이 있다는 말에 아파트 입주자들은 대부분 입주한 아파트에 무슨 일이 있나? 하여 급히 열어 주었는데 알고 보니 교회에서 전도하기 때문인 것을 알면 먼저 문을 닫으려고 한 것이다. 그러나 먼저 내 발이 걸린 아파트 문을 닫지도 못하여 들어오라고 한 후 등록하고 이삿짐이 정리되면 교회를 나오겠노라고 하여 많은 전도를 할 수 있었다. 그래서 아파트 전도는 현관문이 열리면 50%이상 성공이라 생각했다.

아파트가 전도의 대상 지역이었기 때문에 나는 아내와 단둘이 목숨을 걸고 방문전도를 했다. 다른 교회는 많은 성도들을 데리고 아파트를 찾아다니며 전도했다. 그 현장은 마치 처절한 영적 전쟁터와 같았다. 교회 간의 경쟁과 시기도 대단했다. 다행히도 우리는 교회가 부흥되면서 살아났지만 부흥이 안된 교회는 문을 닫게 되는, 승자와 패자의 갈림길이 분명하게 나타나게 되었다. 결국 가락교회는 그 영적 전쟁터에서 하나님의 은혜로 살아났다. 많은 교회들이 문을 닫거나 없어질 때, 가장 미약했던 우리 가락교회는 하나님이 살아나게 하셨으며 부흥의 기적을 주셨다.

# 한 잔의 커피,<br>한 번의 기도

교회가 부흥되자 성전이 비좁아졌다. 교육관도 필요했다. 그런데 성전을 넓히기 위해서는 성전을 확장 이전할 돈이 필요했다. 많은 성도들이 교회에 등록하고 출석한지 얼마 되지 않았기 때문에 성전 확장을 위한 헌금을 할 수 없었다. 이제 막 등록한 성도들에게 성전 확장 이전 명목의 특별헌금을 위한 광고를 할 수 없었다. 이런 상황에서 한 목사님이 나의 개척을 격려하기 위해 방문하셨다. 그 목사님과 대화 도중 성전 건축이나 이전 시 우리 교단 십자군 전도대에서 200만 원까지 무이자로 3년간 대출을 해준다는 사실을 알게 되었다. 교단 본부에 알아보니 조건이 있었다. 200만원 3년짜리 당좌수표나 당좌어음을 먼저 교단십자군 전도대 본부에 넣어야 한다는 것이었다. 수표나 어음을 구한다는 것은 불가능했다. 당시 은행에서는 사업가들에게나 수표나 어음을 발행해주었다.

여의도 순복음 교회를 다니시던 노인 집사님 내외가 어느 주일 저녁예배에 참석했다. 평생을 여의도 순복음 교회에 다녔기 때문에 다른 교회는 가지 않으셨던 분이셨다. 우리 교회에 참석하게 된 이유는 저녁예배에 가려고 집을 나왔다가 부인집사님의 다리가 너무 아파서 도저히 갈 수 없게 되자 개척교회인 우리 교회를 방문하게 되셨고, 그날 말씀의 큰 은혜를 받으시고 바로 교회에 등록을 하시게 된 것이었다. 순복음교회에서 한평생 신앙생활을 하시던 노부부가 교회를 옮긴다는 것은 무척 힘든 결정이었지만 이 분들은 아주 작은 우리의 개척 교회에 등록하셨다. 알고 보니, 노인 집사님(박점수 집사님)은 사업을 하시다가 은퇴하신 분이었다.

교회 확장에 대해서 적은 수의 성도들이 모여 의논을 할 때 박 집사님은 자기 친구 중에 한 사람이 지금도 사업을 하기 때문에 수표나 어음이 있다고 하였다. 그리고 친구를 만나서 수표를 빌려달라는 부탁을 하겠다고 하였다. 친구를 만나본 박 집사님의 말이 "마누라는 빌려줘도 수표나 어음은 빌려줄 수가 없다"는 것이었다. 기대가 깨어졌다. 나는 박 집사님에게 "그 분을 한번만 만나게 해주십시오."하고 부탁했다.

나와 박 집사님은 동대문의 한 지하다방 의자에 앉아서 기다렸다. 키가 크고 덩치가 좋은 한 분이 들어왔다. 그분이 자리에 앉자 커피를 주문했다. 커피가 세 사람 앞에 각각 나왔다. 나는 기도하자고 했다. 무슨 기도인지 지금은 생각이 나지 않는다. 기도를 끝내고 이야기를 했다. 이미 박 집사님을 통해서 수표와 어음 얘기를 듣고 온 분인지라 단도직입적으로 말했다. 그러자 그분의 입에서 의외의 말이 나왔다. 자기는 친구가 만나자고 하기에 인사차 약속을 정했단다. 지하 다방 문을 열고 들어오면서도 '목사님이 만나자고 하는 것은 틀림없이 수표나 어음 때문일 것이다. 나는 마누라는 빌려줘도 수표는 절대로 안 빌려준다.'고 결심을 했다고 한다. 그런데 목사님이 커피를 앞에 놓고 기도하는데 마음에 큰 감동이 일어 수표를 빌려줘야겠다는 마음으로 바뀌게 되었다는 것이다. 결국 십자군 전도대에서 200만 원을 지원 받아 큰 평수의 예배당으로 가락교회를 옮길 수 있었으며 교회가 계속 부흥하는 계기가 되었다.

1981년 5월 12일, 기독교 대한 성결교회 총회에서 목사 안수를 받았다. 장자도 섬에서 목사님으로 만들어 달라고 기도한 지 25년 만에 목사님이 되는 응답의 순간이었다. 하나님은 25년 전의 기도를 기억하셨다가 정확하게 이루어 주셨다. 어부의 아들이 사람 낚는 어부인 목사가 된 것이다.

# 가락교회의 부흥

## 가락교회 17년 목회

당시 가락교회가 속한 서울 동지방에는 56개의 교회가 있었다. 가락교회는 동지방에서 6번째로 큰 교세로 급속히 성장했다. 그래서 가락교회를 가르켜 말하기를 짧은 기간에 성장하고 부흥된 모범교회라고 하였다. 미약하게 시작한 가락교회는 17년 동안 하나님의 큰 축복을 받았다.

하나님께서 왜 나에게 이런 엄청난 목회의 축복을 주셨을까? 강원도 귀래교회에서 성전을 건축하며 피와 땀과 눈물까지 모두 쏟아바친 그 헌신을 하나님은 가락교회에서 갚아주셨다고 확신한다. 귀래교회에서 최선을 다하고 헌신할 때 그곳에서 받을 수 없었던 보상

가락교회 성전빌딩

을 하나님은 서울에서 해주셨다. 나는 교회의 부흥에 대한 축복은 목회자에게 달려 있다고 믿게 되었다.

가락교회의 부흥은 계속되어 신개발 아파트 예정 부지에 종교 부지를 받아 교회 건축을 계획했다. 개발예정지 안에 교회 이름의 땅이 있으면 종교 부지를 받도록 되어 있어 신개발이 예정되는 2곳에 가락교회 이름으로 땅을 사고 그 땅에 있는 집 한 채까지 구입했다.

1992년 서울 송파구 문정동 상가 대로변 상업 지구에 있는 지하 1층 지상 5층의 건물 전체를 구입하는 기적이 일어났다. 당시에 이런 큰 건물을 구입한다는 것은 작은 교회로서는 쉽게 할 수 있는 일이 아니었다. 하나님은 교회를 축복하셔서 빌딩을 구입하게 하셨다. 나는 빌딩을 가락교회 이름으로 등기하고 '성전 빌딩'이라 이름 붙였다. 나는 가락교회가 매입한 땅에 아파트단지가 들어서고 개발되어 종교 부지를 받을 때까지 성전빌딩을 사용하다가 되팔아서 가락교회 새 성전을 지을 계획이었다. 강원도에서 맨손으로 두 어린 아이들을 데리고 서울로 올라올 때는 참으로 비천하였다. 그러나 하나님이 엄청난 기적과 축복을 쏟아 부어주셔서 큰일을 할 수 있었다.

하나님이 가락교회에 천문학적인 축복을 주신 것을 생각하면 절대로 공짜가 아니라고 생각된다. 어려울 때 귀래교회에서 헌신하며 뿌린 희생의 열매를 서울에서 거두게 하신 것이다.

'눈물을 흘리며 씨를 뿌리는 자는 기쁨으로 거두리로다. 울며 씨를 뿌리러 나가는 자는 반드시 기쁨으로 그 곡식 단을 가지고 돌아오리로다.' 시편 126:5-6

# 십의 삼조의 축복

예수님을 처음 만났던 섬 교회에서부터 나는 십일조가 하나님의 것이라는 것을 알았다. 십일조를 드리고 싶은 마음이 뜨거웠으나 먹는 날보다 굶는 날이 많았던 당시는 전혀 드리지 못했다. 섬을 떠나 육지로 나와 어렵게 성장하면서부터는 아주 적은 돈만 생겨도 온전한 십일조를 떼어 하나님께 바쳤다. 그렇게 십일조를 생명처럼 지켰다. 군 입대를 하고 훈련받던 시절, 논산훈련소의 모든 훈련병들은 항상 배고픔에 찔어 있었다. 그래서 부모님으로부터 돈을 받아다가 부대 내 매점에서 먹을 것을 사먹는 훈련병들이 많았다. 그러나 나는 돈을 보내줄 가족이 없었기에 군대에서 주는 작은 급여로 매점에서 빵을 사서 먹었다. 14개의 빵을 사면 군대에서 받은 급여는 다 없어졌다. 그 빵을 하루 저녁에 다 먹어도 여전히 배는 고팠다. 나는 빵을 사기 전에 먼저 십의 일조를 떼어 군인교회에 바치고 나머지 돈으로 빵을 사먹었다. 군대에 있는 3년 동안 십의 일조를 정확하게 바쳤다.

신학교에서 공부를 하는 동안 교육전도사로 교회를 섬겼다. 파트타임이었기 때문에 적은 액수의 사례비를 받았다. 그 돈으로 한 달 기숙사비와 밥값을 지불하여도 넉넉지 못하였다. 더구나 십의 일조를 떼고 나면 한 달에 약 5~7일 정도는 밥을 사먹을 수가 없었다. 십의 일조를 떼지 않으면 그럭저럭 한 달을 버틸 수 있었지만 십의 일조를 떼면 모자랐다. 그때 망설임이 많았다. '어차피 나는 목사가 되어 주의 일을 할 사람인데 어려운 신학공부를 하는 동안에는 십의 일조를 떼지 않아도 괜찮지 않은가? 십의 일조를 떼면 모자라고, 안떼면 괜찮은데…' 하며 주저하기도 했다. 그러나 '주의 일을 한답시고 공부하면서 하나님의 것인 십의 일조를 떼지 않는다면 얼마나 부끄러운 일인가? 하나님이 이런 나를 과연 축복하실 것인가?'라는 생각에 '며칠을 굶어도 좋다. 모자라도 좋다. 하나님의 것을 바치자'라고 결단하였다. 지금에 와서 생각해보면 인간의 계산으로는 당연히 모자라고 굶어야 하는데 하나님은 생각지도 않게 엉뚱한 사람들을 통하여 모자라는 부분을 채워 주셔서 신학생 기간을 잘 마치게 하시는 기적을 주셨다.

강원도 시골 교회 목회 때부터 아내와 나는 결심했다. 매년 첫 해의 첫 달 사례비는 다 드리고 다른 달은 사례비의 십의 3조를 드리기로 했다. 강원도 귀래교회에서부터 드리기를 시작했다. 그것은 하나님께서 축복하시는 지름길이라고 생각했기 때문이다. 이러한 결심은 부산에서 개최된 초교파 목회자 세미나에 참석한 것이 계기가 되었다. 세미나를 주관한 교회는 부산에서도 큰 교회였다. 그 교회 담임목사님께서 이렇게 말씀하셨다. 하나님께 십의 2조를 드리므로 교회 부흥과 축복을 받았다고 말씀하시면서 자기가 알고 있는 어떤 큰 교회 목사님은 십의 3조까지도 드린다고 했다.

그 말에 나는 큰 도전을 받았다. 그리고 귀래로 돌아와서 아내와 함께 의논을 했다.

"우리도 어렵지만 십의 3조를 하나님께 드려봅시다. 더 나아가서 매해 첫 달은 하나님께 다 드리면 좋겠습니다."

아내도 기쁨으로 드리자고 했다. 그런데 십의 3조를 드리면서부터 귀래교회 안정과 성전 건축의 기적도 일어났다. 서울에서도 마찬가지로 매년 첫 달 사례비와 십의 3조를 드렸다. 하나님께서는 그것을 보시고 주체할 수 없는 많은 엄청난 축복을 교회에 쏟아 부어 주셨다. 미국에서 개척을 하면서도 지금까지 십의 3조를 드리고 있다. 하나님은 어렵다고 이구동성으로 말하는 이민목회에서도 천문학적인 복을 주셨다. 성전도 짓게 해주셨다. 미국에서는 매년 첫해의 첫 달을 드리지 못한 아픔이 있다. 미국이라는 낯선 땅에서 개척을 하면서 첫달을 드릴 엄두를 내지 못했다. 미국에서 십의 3조를 어떻게 드려야 하는가 하는 갈등을 겪을 때, 아들의 말 한 마디가 용기를 주었다.

"엄마, 평생 드리던 십의 3조를 어려워도 그대로 드려야지!"

그 말에 힘을 내어 남다른 1%를 더 드림으로 미국 이민 목회의 축복을 받았다.

# 부흥회를 인도하며

가락교회의 부흥과 함께 나는 각 교회를 다니며 부흥회를 인도하기 시작했다. 한국의 부흥회뿐 아니라 미국의 이민교회들까지 부흥회를 인도하게 되었다. 당시에 한국 성결교 부흥사로 등록된 사람은 약 1백여 명 정도였는데 미국 이민교회의 부흥회를 인도할 수 있었던 부흥사들은 그렇게 많지 않았다. 나는 한국성결교회 부흥사회 임원이 되어 영성 부흥 운동과 교회 부흥 운동을 위하여 뛰었다. 부흥회를 인도할 때 나의 어린 시절을 간증하면 성도들이 많이 공감했다. 특히 기도하여 목회자가 되었다고 하는 간증을 할 때면 젊은 사람들이 많은 도전을 받고 용기를 가졌다. '나도 할 수 있다, 나도 될 수 있다'는 도전이었다.

부흥 집회를 인도하고 받은 사례비는 본 교회에 몽땅 바쳤다. 물질 부분에서는 깨끗하게 살아보려고 무척 노력했다. 지금도 자신하는 것은 하나님 앞에 설 때 다른 것은 몰라도 물질은 정직하게 관리하다 왔노라고 고백할 수 있다는 것이다. 물질에 욕심을 버리고 목사로서 부끄럼 없이 살려고 노력하는 모습을 하나님은 보신 것 같다. 개척하며 섬긴 교회마다 풍족히 채워 주셔서 행복자로 만드셨다. 그리고 명예도 주심으로 존귀한 자로 세우셨다.

# 미국
# 영주권을 받고

뱃속에서부터 못 먹고, 태어나서도 배를 곯았던 아들 현민이가 중학교를 졸업하고 미국으로 유학을 가게 되었다. 미국 유학을 아들이 가게 된 것은 아내의 처녀 때 담임 목사님 덕분이었다. 그 목사님은 한국에서 은퇴하시고, 미국 버지니아에 계셨다. 아내는 처녀 때 개척 교회의 목사님을 도와 아이들을 가르치며 열심히 봉사했다. 그 목사님이 한국을 방문하여 우리 교회에 오셨다. 아들은 당시에 중학교를 졸업하고 고등학교에 막 들어간 때였다. 목사님은 아들을 미국으로 유학 보내면 돌봐주시며 지도해주시겠다고 하셨다. 목사님이 미국에서 보내준 고등학교 입학서류와 각종 서류를 구비하여 F1비자를 미 대사관에 신청하였다. 그러나 거절되고 말았다. 군대를 갔다 오지 않았고 더구나 중학교를 졸업한 학생에게 F1비자를 절대로 내줄 수가 없다는 것이었다. 아들이 미국에 가서 공부할 길은 전혀 없었다.

나는 몇 달 후 부흥회를 인도하러 미국으로 갔다. 부흥회를 인도한 교회에서 한 군인 가족이 안수받기를 원했다. 안수기도를 하고 나자 남편이 미군인 한국 여자 집사님이 자신들도 12월쯤에는 한국 미8군으로 나가게 될 예정이라고 말했다. 그리고 한국에 도착하면 연락을 드리겠노라며 나의 전화번호를 적었다. 남편은 미국 분으로 계급이 소령이었다. 몇 개월이 지난 후 성탄절이 가까운 12월에 전화가 걸려왔다. 그때 미국에서 안수기도 해주었던 집사님이었다. 한국 미8군으로 왔으며 성탄절에 우리 교회에 오고 싶다고 했다. 나는 온가족이 성탄절 예배에 참석하고 함께 식사하자고 했다. 온가족이 교회 예배에 참석하였다. 그래서 나는 그 가족을 위하여 좋은 식당에서 식사를 대접했다. 식사를 하면서 가족얘기가 나왔다. 아들이 미국비자 거절당한 것을 이야기 하게 되었다. 그러자 이야기를 듣던 남편이 미8군 직속상관에게 이야기해보겠다는 것이 아닌가?

몇 주 후에 집사님의 남편인 소령으로부터 연락이 왔다. 미 대사관에 아들을 데리고 함께 가자는 연락이었다. 그분을 만나 함께 미 대사관 정문을 통하여 들어가서 영사실에서 F1비자를 받았다. 그분은 자기 상사인 미군 대령에게 부탁하여 아들의 비자를 받도록 도와주었던 것이다. 하나님의 인도하심으로 아들은 비자를 받아 미국으로 떠났다.

어느 날, 친구 목사로부터 전화가 걸려왔다. 미국에서 목회하는 동기 목사가 한국에 나왔는데 가락교회에서 주일 설교를 할 수 있겠느냐는 것이었다. 원래 자기 교회에서 설교하기로 되었는데 갑작스러운 사정으로 할 수 없게 되었다는 것이다. 흔쾌히 좋다고 했다. 미국에서 나온 동기 목사는 주일 설교를 했다. 예배를 마치고 식당에서 식사를 하며 대화를 하는 중에 아들 현민이가 미국에서 유학한다는 말을 듣고 나에게 이렇게 말했다.

"홍목사가 서울 목회하면서 경제적인 여유가 있다고 해도 아들이 유학비자로 대학까지 가려면 많은 돈이 들어갈 것이다."

그러면서 생각지도 않은 얘기를 들려주었다.

"친구목사가 자기 딸을 미국으로 유학 보내려고 하는데 영주권을 해줄 수 없냐고 부탁하여 준비했는데 한국에 나와서 연락해보니 딸을 유학 보내고 싶지 않았던지 반응이 시큰둥하더라."

나는 그 말을 듣고 아들 현민이가 미국 유학 중에 있으니 아들을 위해서 나에게 영주권을 해줄 수 있느냐고 물었다. 그랬더니 동기 목사는 흔쾌히 승낙해 주었다.

영주권 수속을 시작한 지 6개월 안에 미대사관으로부터 영주권을 받게 되었다. 요즘은 9·11테러 때문에 영주권 수속이 어려워졌지만 당시에는 한국에 있는 목회자들도 미국에 스폰서 교회가 있으면 영주권을 받기가 비교적 쉬웠다.

내가 영주권을 받게 되자 온 가족이 자동적으로 영주권을 받게 되었다. 그래서 두 자녀를 미국으로 유학을 보내게 되었다. 아들과 딸만 미국에서 영주권자로 공부를 시켰다. 나와 아내는 목회지가 한국이므로 영주권을 받고도 미국에 가지 않았다. 자녀들의 교육을 위하여 영주권을 받았을 뿐이지 나는 꿈에서조차 미국 목회를 생각하지 못했다.

제4막

# 미국으로 이민 그리고 방황

'스루야의 아들 아비새가 왕께 여짜오되 이 죽은 개가 어찌 내 주 왕을 저주하리이까
청하건대 내가 건너가서 그의 머리를 베게 하소서 하니
왕이 이르되 스루야의 아들들아 내가 너희와 무슨 상관이 있느냐 그가 저주하는 것은
여호와께서 그에게 다윗을 저주하라 하심이니
네가 어찌 그리하였느냐 할 자가 누구겠느냐 하고
또 다윗이 아비새와 모든 신하들에게 이르되
내 몸에서 난 아들도 내 생명을 해하려 하거든 하물며 이 베냐민 사람이랴
여호와께서 그에게 명령하신 것이니 그가 저주하게 버려두라
혹시 여호와께서 나의 원통함을 감찰하시리니
오늘 그 저주 때문에 여호와께서 선으로 내게 갚아 주시리라 하고'

사무엘하 16:9-12

# 이민목회,
# "꿈도 꾸지 않았습니다"

미국 영주권을 받은 이후 2년 동안 한국 목회에만 전념했다. 한국에서 미국 영주권을 가지고 있는 경우, 대략 6개월 전후해 미국을 다녀와야 한다. 나와 아내는 목회 도중 미국에 다녀와야 하는 번거로움이 있었다. 아내와 나는 고민하기 시작했다. 자녀들이 미국에 정착한 것으로 만족해야 할지, 아니면 미국으로 들어가서 이민목회를 해야 할지, 아니면 가락교회에서 평생 목회를 해야 할지를 놓고 고민하기 시작했다. 이 갈등 속에서 나는 기도하기 시작했다.

"어떤 길이 하나님의 뜻입니까? 이곳 가락교회의 목회지를 떠나 미국으로 가야합니까? 아닙니까? "

기도하는 가운데 하나님의 응답을 받았다. 그것은 한국 목회지에서 미국 목회지로 새로운 비전을 가져야 한다는 것이었다. 당시 소속된 서울 동지방 목사님들에게 나의 새로운 비전에 대해 말했다. 그러자 이구동성으로 모든 목사님들이 반대했다.

"홍목사님 미쳤습니까? 지금 서울의 목회가 어렵다면 혹시 몰라도 부흥하고 안정된 목회지를 떠나서 왜 어려운 이민 목회를 하려고 합니까? 지금 목사님의 나이가 30~40대도 아니고 50대에 들어서는 나이에 이민 목회를 다시 시작하려 한다는 것은 말도 되지 않습니다."

목사님들의 말에 나 또한 공감을 했다. 한국 목회를 하면서 미국 이민교회에 가서 부흥회를 인도하였기에 이민교회의 형편과 실상을 잘 알고 있었기 때문이다. 인간적으로 생각해보면 미국으로 가고자 하는 나의 결정을 동역자 목사님들이 그렇게 보는 것이 당연했다. 그러나 하나님의 응답에 확신이 있었기 때문에 한국 목회를 떠나 미국으로 이민 가 새로운 비전의 목회를 시작하기로 결정했다.

하나님의 뜻이라지만 서울의 안정된 목회지를 떠나 미지의 이민 목회지로 간다는 것은 쉬운 일이 아니다. 가락교회를 떠난다고 생각하니 만감이 교차했다. 강원도에서 빈손으로 올라와 어린 두 자녀를 땅바닥 놀이터에 팽개쳐버리고 신자를 한 명이라도 더 얻기 위해 몸부림을 쳤던 일, 오직 교회 부흥만을 위해 내 가정의 삶을 돌아보지 않고 이리 저리 뛴 모습들, 교회 땅과 가락교회 성전 부지, 그리고 성전빌딩을 구입하느라 내 집 한 칸 마련하지 못했던 일, 세 들어 있던 아파트 방을 줄이고 전세금을 줄여서 성전건축헌금을 바쳤던 일, 아들딸을 한 방에서 쓰게 했던 일, 항상 아내에게 여유 있는 생활비를 주지 못했던 일, 철저하게 교회만을 위한다고 헌신하다 보니 저축할 여유가 없이 달려왔던 17년 동안의 달림길, 그리고 나를 위하여 기도해주고 사랑하며 헌신하며 함께 했던 아름다운 수많은 성도들의 모습이 마치 영화의 필름처럼 스쳐 지나갔다.

가락교회를 영원히 떠난다고 생각하니 눈물이 펑펑 쏟아졌다. 내가 떠난다는 소식에 병까지 난 성도를 보았을 때 너무 가슴이 아팠다. 가락교회 구석구석 어디에도 나와 아내의 기도와 땀, 그리고 헌신의 때가 묻지 않은 곳이 없었다.

## 상식을 벗어난 사람들

성결교단의 헌법상 한 교회의 담임목사가 사임을 하면 해당 지방회에서 치리목사를 파송하여 후임목사가 올 수 있도록 교회의 행정적인 부분을 이끌어 가게 된다. 담임목사가 사임한 후 당회의 결의와 사무총회를 거쳐서 후임목사가 결정되는 것이 상식이자 곧 법이었다. 지방회에서 파송된 치리목사는 교회의 요청과 행정 치리만을 하는 것이지 치리목사 당사자가 그 교회를 담당하는 것은 법적으로나 상식으로나 불가능한 것이었다.

내가 가락교회목사를 사임하자 서울 동지방회에서는 우리 교회에서 멀지 않은 교회에 있는 한 목사를 파송했다. 그는 나와 함께 신학교 기숙사에서 1년 동안 한방에서 같이 지냈던 사이었다. 그는 내가 강원도에서 올라와 서울에서 개척을 할 당시 이미 서울 강남

잠실지역에서 목회를 하고 있었다. 당시 그는 번듯한 교회 건물과 약 120~150여명 정도의 성도가 모이는 교회의 담임목사였다. 내가 같은 지역에서 목회를 하고 있었음에도 불구하고 어려운 가락교회를 위해 단 한 푼의 선교비도 지원하지 않았다. 그러나 17년 후 가락교회는 대교회로 성장하고 그 목사의 교회는 40~50명의 교세로 전락한 채 2층의 전세 상가를 여전히 벗어나지 못한 상태였다. 그러다보니 그는 다른 목회지만 있으면 언제라도 옮길 마음을 가지고 옮겨갈 곳을 찾고 있었다. 그런 실상이 많은 목사들에게도 알려진 상태였다. 심지어 큰 교회의 부목사라도 가고 싶어 했다.

가락교회를 사임하기 전에 나는 가락교회에 합당한 후임 목사님을 어떤 분으로 할까 기도하며 성도들과 함께 의논을 했다. 그러자 모든 성도들은 "목사님이 개척하여 부흥시킨 교회이니 목사님이 알아서 좋은 목사님을 추천해주시면 모시겠습니다" 라고 하였다. 그래서 나는 기도하고 생각하는 중에 진실하고 실력 있는 김치원 목사를 마음에 결정하고 장로님과 의논하여 말씀드리자 장로님도 참 좋다고 했다. 성도들도 모두가 좋아했다. 이렇게 교회 내부적으로 결정된 후임목사의 청빙 투표를 위하여 치리목사가 주일 오후 예배 후에 사무총회를 인도하러 왔다.

치리목사는 사무총회에서 사회를 보며 후임목사의 청빙 투표 건에 대하여 진행할 임무를 지닌다. 새로 오게 될 후임 내정자 목사의 거취는 사무총회에서 성도들의 찬반 투표에 의해 결정된다. 주일 2부 예배를 드린 후에 이미 내부적으로 결정된 담임목사 청빙투표를 마친 후 3부 예배를 드리게 된다. 담임목사 청빙을 위한 사무총회가 시작되었다. 사회권을 가진 치리 목사는 기도한 후에 투표를 진행하지 않고 투표와 관련 없는 말을 하기 시작했다. 그러자 안수 집사님 한 분이 말했다.

"목사님은 왜 청빙투표를 하지 않고 횡성수설 엉뚱한 말을 하십니까? 혹시라도 목사님이 저희 교회에 오시려고 이렇게 시간만 끌고 있는 것인지요? 사무총회가 끝나야 3부 예배를 드릴 수 있지 않습니까?"

"나는 강단에서 가슴에 손을 얹고 하나님께 맹세합니다. 결코 가락교회에는 오지 않습니다."

치리목사는 이렇게 말하고는 투표를 무기한 연기하고 가버렸다.

그는 치리목사의 권한을 가지고 은밀하게 성도 몇 사람들을 만나서 선동하기 시작했다. 한편 교회의 재정을 맡았던 중직자중 한 명이 성도들의 돈을 너무 많이 빌려 갚을 수 없는 상황이었다. 게다가 그는 파산 직전까지 가는 상황에 처해 있었다. 나는 교회를 떠나기 전에 이러한 사실을 알게 되었으므로 후임목사와 교회를 위해서 해결하지 않을 수가 없었다. 그래서 그 중직자와 돈 관계가 얽힌 성도들에게 하루라도 빨리 돈을 받으라고 하였다. 그리고 그 중직자가 맡고 있는 교회 재정에 대한 직분을 중지시켰다. 혹시라도 내가 떠난 후에 교회 재정에까지 손을 댈까 염려스러웠기 때문이었다. 그러자 그 중직자는 나에 대한 분노로 결국 치리목사와 손을 잡고 내가 추천하였던 후임목사가 오지 못하도록 방해하고 나에게까지 중상모략을 하였다. 모든 성도들의 환송을 받고 미국으로 떠난 나를 향하여 "홍 목사가 미국 가면서 돈을 많이 가져갔다"는 소문을 퍼뜨렸다. 17년 동안 시무한 교회에서 퇴직금을 받았는데 마치 내가 사기라도 친 것처럼 소문을 낸 것이다.

성도들의 환송예배를 받으며 미국으로 들어온 나에 대해 뒤에서 거짓과 중상모략을 퍼뜨린데 대해 나와 아내는 엄청난 충격에 빠졌다. 그동안 강원도 귀래교회와 서울 가락교회에서 21년 동안 쌓아왔던 목사의 명예와 돈에 대해서만은 하나님과 사람 앞에서 깨끗하게 살려고 노력했던 모든 수고와 희생이 한 순간에 무너졌다. 꺾이고 짓밟힌 한 송이의 꽃처럼 너무나 비참했다. 두 날개가 꺾이고 땅바닥에 무참히 팽개쳐져 퍼덕거리는 한 마리의 새와도 같았다. 세상 사람들도 일말의 양심을 가지고 정도를 걷거늘 하물며 하나님의 말씀을 가르치는 목사가 아무리 자기 교회가 어렵고 남의 교회가 탐이 난다고 한 목사와 가정을 이렇게 잔인하게 짓밟아 버린단 말인가? 목사가 세상 사람만도 못한 양심을 가진다면, 과연 나는 목사의 길을 걸어가야만 하는가 하며 통탄하였다.

치리목사와 그 중직자는 비열하고 잔인했다. "홍 목사는 나쁜 사람이고 후임목사로 내정된 목사도 한통속"이라며 모략중상한다면 예수 안 믿는 사람들만도 못한 목사요, 중직자이다. 그 치리목사는 가락교회의 담임으로 들어오려고 온갖 방해와 모략을 꾸미며 후임으로 내정된 목사가 가락교회에 못 오게 막았다.

그러자 교회가 흔들리기 시작했다. 담임목사가 없는 상태였기 때문에 교회에 혼란이 오기 시작했다. 후임목사는 후임으로 내정되어 있기는 하였지만 절차상 사무총회 투표를 거치지 않았기 때문에 대기상태에 있었고 치리목사는 자기가 들어올 욕심으로 사무총회를 무기한 연기한 상태였다. 그리고 그는 미주에 있는 교회들에 나에 관하여 있지도 않은 내용의 괴문서를 팩스로 보내기도 했다.

그런 혼란의 과정들이 몇 달동안 지속되며 담임목사는 여전히 결정되지 않았다. 사리사욕으로 인해 간혹 이성을 잃어버린 정치 목사들이 있다는 말은 들었지만 그 치리목사가 그런 사람인 줄은 정말 몰랐다. 그러자 일부 성도들은 이러한 치리목사의 치졸한 행태를 보면서 환멸을 느끼고 떠나기 시작했다. 그리고 후임으로 내정된 목사님을 모시고 새로운 교회를 만들고자 하는 움직임이 있었다. 치리목사는 성도들이 상처 받는 것도, 교회가 혼란이 오는 것도 아랑곳 하지 않는 목사의 양심을 잃어버린 사람이었다. 성전 강단에서 모든 성도들 앞에서 "나는 결코 가락교회에 오지 않습니다." 라고 하나님께 한 맹세도 헌신짝처럼 버리고 결국 가락교회를 차고 들어왔다. "마치 중매하라고 보냈더니 중매쟁이가 데리고 사는 꼴" 이라고 사정을 아는 목사들이 말하곤 했다. 하나님 무서운 줄 모르는 양심을 버린 목사였다.

결국 하나님은 정의롭게 결론을 내려주셨다. 그로부터 10년 후 한국성결교회 총회는 치리목사가 사무총회를 무기한 연기한 것은 잘못이라고 결정을 내렸다. 그러면서 가락교회의 담임목사 청빙 건의 총회는 아직도 유효하다는 판결을 내었다. 하지만 10년이 지난 뒤의 그러한 판결이 무슨 소용이 있겠는가? 그 10년 동안 미국에 있던 나와 후임자로 내정된 목사가 당한 고통스러웠던 세월은 누가 보상해 주는가? 부흥 성장하던 가락교회는 찢어지는 아픔을 겪었다. 그러나 공의로우신 하나님은 공평하게 심은 대로 거두게 하셨다.

치리목사였던 그는 법도 질서도 무시하고 가락교회에 들어갔다. 하지만 교회는 부흥되지 않았고 있던 신자들마저 떠나 그 좋았던 가락교회를 쇠퇴시킨 실패한 목사로 낙인이 찍혔다. 가락교회 후임으로 내정됐던 목사는 치리목사의 농간으로 공중에 붕 뜨는 아픔을 겪었지만 고난 중에서도 새로운 길을 찾았다. 바로 창조과학이었다. 한국교회의 목사 중에서는 유일하게 창조과학회의 멤버가 되었으며 창조과학원 원장으로 기독교TV에 출연하여 창조과학을 강의한다. 크리스찬 관련 매체들에 창조과학을 연재하기도 하며 창조과학에 관한 DVD와 책들을 출간하고 전국을 다니며 이름을 알리는 축복을 받았다.

# 고통의 시간들

내가 미국 이민목회를 갈 것인가 아니면 한국목회를 계속할 것인가 기도할 때 아내가 본 환상이 있다. 탐스럽고 좋은 큰 오렌지들이 수없이 열려 하늘로부터 쏟아지는 환상이었다. 이러한 환상에도 불구하고 나는 한국에 있는 가락교회의 어려운 소식을 들으면서 다시 한국으로 돌아가 가락교회를 회복시키고 싶었다. 그러나 이미 온가족이 이민 와있는 상태에서는 이러지도 못하고 저러지도 못하는 아픔과 고통이 계속 되었다. 비전과 꿈을 가지고 미국에 왔지만 이민목회를 시작도 못한 채 1년 동안 고통의 시간만을 보내야 했다.

내 곁에는 아무도 없었다. 성결교회 목사된 것을 처음으로 후회하였다. 가락교회가 한 목사에 의해 갈라지고 신자들이 떠나며 혼란스럽고 어려워지고 있다는 소식을 들을 때마다 미국에 온 것과 성결교회 목사 된 것을 한없이 후회하고 통탄했다. 세상 사람들도 안 하는 도덕과 질서를 깨뜨리고 목사가 동료 목사의 등 뒤에 칼을 꽂는다면 세상과 다른 것이 무언가? 그 사람은 목사의 양심을 가진 사람이 아니다! 하고 부정적인 말이 내 입에서 나오기 시작했다.

이렇게 나는 목회의 끝자락에 서 있었다. 차라리 목회를 그만 둘까 생각하기도 했다.

'하나님이 나를 여기까지만 쓰시는가? 나는 미국 영주권자요, 합법적인 신분이니 무엇이든지 해서 살지 못하랴! 서울 목회할 때에도 영어가 좋아서 목회 중 시간을 내어 영어 학원을 다니며 영어 공부를 했으니 무슨 일인들 못하랴…'

## 비전의 대가를 혹독하게 치른 1년

미국 이민의 첫 1년은 그저 아무것도 할 수 없는, 뼈를 깎는 아픔과 고난 그리고 몸부림 그 자체였다. 욥이 부요하고 잘 나갈 때는 많은 사람들이 그를 따랐으나 고난을 만났을 때는 곁에 아무도 없었던 것처럼 나도 한국의 현역 목회지를 떠나 미국에 오니 내 곁에는 아무도 없었다. 실로 욥의 고통을 조금이라도 느끼는 순간들이었다. 그래서 한국에서 있을 때에는 별로 관심이 없고 귀기울이지 않던 복음성가를 부르게 되었다. 가사가 마음에 꼭 와닿아서 내 모습을 비추었다. 미국 킬린 지역 개척 초기, 어려울 때 '인생길 험하고 마음 지쳐 살아갈 용기 없어질 때'를 정말 많이 불렀다. 특히 3절을 부를 때에는 나에게도 언젠가 소망의 빛이 올 것이라는 믿음을 갖게 되었다.

인생길 험하고 마음 지쳐
살아갈 용기 없어질 때
너 홀로 앉아서 낙심치 말고
예수님 품으로 나아오시오

예수님은 나의 생명
믿음 소망 사랑되시니
십자가 보혈 자비의 손길로
상처 입은 너를 고치시리

평생의 모든 꿈 허물어져
세상의 친구 다 떠날 때
어둠에 앉아서 울지만 말고
예수님 품으로 나아오시오

예수님은 나의 생명
믿음 소망 사랑되시니
십자가 보혈 자비의 손길로
상처 입은 너를 고치시리

어둔 밤 지나면 새 날 오고
겨울이 가면 봄이 오듯

이 세상 슬픔이 지나고 나면
광명한 새 날이 다가오네

예수님은 나의 생명
믿음 소망 사랑되시니
십자가 보혈 자비의 손길로
상처 입은 너를 고치시리

미국 버지니아주는 참 아름다운 곳이다. 사계절이 조화를 이루며 봄에는 많은 꽃들이 핀다. 특히 허드슨은 만발한 벚꽃이 장관을 이룬다. 울창한 나무들로 이루어진 집들은 한 폭의 그림과 같다. 버지니아의 가을은 높은 산부터 집들에 이르기까지 아름다운 단풍과 함께 조화를 이루고 있다. 그러나 이런 아름다운 풍경도 마음에 고통이 있고 아픔으로 가득 차 있었기 때문에 아름답게 보이지 않았다. 매일매일 고민과 고통이 계속되었다. 밤하늘에 떠 있는 밝은 달을 쳐다보며 여러 가지 상념에 잠기곤 했다.

'울려고 내가 미국에 왔던가? 저 달은 한국에도 떠 있겠지. 그리고 나와 내 가족과 가락교회의 좋은 성도들, 그리고 치리목사에게 내 배를 갈라 오장육부를 보내주고 싶다. 하나님 앞에 설 때 "부끄럽지 않게 욕심 없이 깨끗하게 살아 왔습니다" 하고 고백하려고 노력해온 목회였는데 하루아침에 사기꾼으로 비방 당하는 내 모습이

처량하다. 어떻게 달려온 길인데 여기서 주저앉아 버리는가? 목회는 끝나 버리는가?'

심지어 아들 현민이가 아르바이트로 일하는, 술과 담배를 파는 구멍가게에서 아들을 통해 일해 달라는 요청이 들어오기도 했다. 참으로 기가 막힌 일이었다. 목사가 아무리 목회를 못하고 하는 일이 없다고 해도 술과 담배를 파는 구멍가게에서 일할 수가 있겠는가? 우체국 배달부는 여러 가지 혜택이 좋다고 한다. 그래서 우체국 배달부라도 할까하는 생각도 들었다.

그렇게 아내와 나는 1년 동안 매일 고민과 고통에 사로 잡혀 있었다. 마음의 근심과 고통은 그렇게 좋았던 눈을 망가뜨렸다. 돋보기안경을 써야만 작은 글씨를 읽을 수 있는 눈이 되었다. 아내는 한쪽 팔을 쓸 수 없게 마비되었다. 고통과 근심의 스트레스는 마음을 병들게 하고 육체도 병들게 하는 무서운 것이라는 것을 새삼 깨닫게 되었다.

오직 유일한 기쁨은 아들과 딸을 보며 이야기 하는 것뿐이었다. 사실 목회를 포기한다는 마음은 진심이 아니었다. 하나님이 언젠가는 내 억울함도, 내 아픔도, 내가 당하고 있는 이 고난도 다 보상해 주시리라 생각했다. 그때 나에게 힘을 주었던 말씀은 사무엘하 16장 9~12절이다.

'스루야의 아들 아비새가 왕께 여짜오되 이 죽은 개가 어찌 내 주 왕을 저주하리이까 청하건대 내가 건너가서 그의 머리를 베게 하소서 하니 왕이 이르되 스루야의 아들들아 내가 너희와 무슨 상관이 있느냐 그가 저주하는 것은 여호와께서 그에게 다윗을 저주하라 하심이니 네가 어찌 그리하였느냐 할 자가 누구겠느냐 하고 또 다윗이 아비새와 모든 신하들에게 이르되 내 몸에서 난 아들도 내 생명을 해하려 하거든 하물며 이 베냐민 사람이랴 여호와께서 그에게 명령하신 것이니 그가 저주하게 버려두라 혹시 여호와께서 나의 원통함을 감찰하시리니 오늘 그 저주 때문에 여호와께서 선으로 내게 갚아 주시리라 하고'

사무엘하 16:9-12

이 말씀을 읽을 때마다 눈물이 앞을 가렸다. 다윗처럼 나도 억울하게 당하고 있다고 생각했다. 내가 무슨 잘못을 했기에 이런 고통을 당해야만 하는가? 내게 죄가 있다면 교회를 개척하고 부흥시킨 죄 밖에 없는데…. 가슴 깊은 곳에서 하염없이 쏟아지는 눈물을 성경책에 뚝 뚝 떨어뜨리곤 했다.

# 정신을 차리고,
# 다시 목회의 길로

미국에 이민 온 지 1년이 가까울 즈음에 아내와 나는 기도하면서 결론을 내려야 한다는 생각이 들었다. 언제까지 이대로 앉아서 슬퍼하고 미워하며 원망과 한탄 속에서 시간을 보낼 수만은 없었다. 목회를 하든지 말든지 결론을 내릴 때가 왔다고 생각했다. 그러나 평생을 목사님이 되겠다고 달려온 길을 쉽게 포기할 수는 없었다. 마음속에서는 다시 정신을 차리고 일어서야 된다는 생각이 강해졌다.

'두 주먹을 불끈 쥐고 다시 일어서자! 그리고 힘차게 달려가자!'

마음에서 목회의 길을 포기할 수 없다는 희미한 빛이 조금씩 더

밝아지기 시작했다.

'정신을 차리고 목회의 길을 다시 시작하자! 용기와 힘을 내어 목회의 길로 가자!'

미국 교회들을 찾아가서 렌트할 수 있는 장소를 알아보기 시작했다. 처음 미국에 이민 올 때는 한인 이민자들이 많이 사는 LA지역을 우선으로 생각하였고 다음으로 아이들이 살고 있는 버지니아 쪽을 안중에 두었다. 그러던 중 하나님의 인도하심으로 주일과 저녁예배를 무료로 사용할 수 있는 버지니아의 한 미국 교회를 발견하였다. 그리고 개척을 하려는 준비를 했다.

그 때 오클라호마주 라톤에 있는 장로교회에서 시무하는 목사님으로부터 연락이 왔다. 그 목사님은 서울신학대학 출신으로 미국에 이민 와서 그 교회의 담임목사님으로 시무하고 있었다. 그 목사님과는 원래 한국에서부터 친분이 있었다. 미국에 이민 오기 4년 전 텍사스주와 몇 개 주가 연합된 미국 PCUSA 노회 주관으로 텍사스 오스틴에서 개최된 연합부흥성회를 내가 강사로 인도할 수 있도록 소개해준 목사님이셨다.

미국의 여러 주를 다녔지만 텍사스주는 처음이었다. 내가 미국에 이민 왔다는 소식을 듣고 연락을 준 것이었다. 그러면서 어디에서 개척할 것이냐고 물었다. 나는 버지니아의 어느 미국 교회를 빌려 개척할 것이라고 말했다. 라톤 목사님은 "텍사스를 중심으로 한 PCUSA장로교 노회에 속한 교회들이 달라스를 비롯해 여러 군데 있어 부흥되고 있지만 유난히도 킬린에는 없습니다. 전에 개척된 적은 있지만 지금은 없습니다. 홍 목사님이 미국에 이민 왔다는 이야기를 듣고 PCUSA노회 임원들에게 이야기를 했더니 이미 4년 전에 오스틴 집회에서 나를 접했던 분들이므로 이왕 개척할 것이면 PCUSA소속으로 개척을 하면 어떻겠느냐?"하는 것이었다. 만약 내가 킬린에 개척을 한다면 PCUSA노회에서 전 생활비를 지원하겠으며 교회를 지을 때에는 노회에서 융자까지 지원을 해주겠다는 조건이었다. 나는 대답을 주지 않고 기도하며 생각해보겠다고 했다. 그 목사님은 개척하기 전에 자기 교회에 와서 주일설교를 해주고 월요일에 함께 킬린을 한 번 가보자고 했다. 그래서 나는 "목사님은 킬린에 가보신 적이 있습니까?" 라고 묻자 가본 적이 없다는 것이었다.

버지니아에서 렌터카를 빌려 여행안내소를 찾아 지도를 구해 이틀 동안 운전하여 오클라오마 라톤에 갔다. 그 교회에서 주일예배를 드리고 월요일 아침에 라톤 장로교회 목사님이 직접 운전하여 킬린에 갔다. 16년 전 킬린은 미국에서 작은 소도시 중 하나였다. 지금은 큰 도시로 발전하였지만 당시에는 미국에서 이런 곳이 있을까 할 정도로 작았다. 마침 그 교회의 성도님 중에 한 분이 킬린에 사는 아는 권사님을 소개시켜 주어서 그 분의 도움을 받으며 돌아보고 작은 한국 만두집에서 만두를 먹었다. 그것이 킬린에 대한 첫 인상이자 전부였다. 킬린 지역의 한인 인구 상황, 교회의 숫자도 알아보지도 않고 그냥 버지니아로 돌아 왔다.

장로교회 목사님과 킬린에서 만난 권사님은 내가 이곳에 와서 장로교회로 개척하기를 원했다. 이런 시골 같은 킬린에 와서 개척을 해야 하는가 하는 마음으로 선뜻 내키지 않았기 때문에 기도하자고 하고 돌아왔다. 그러나 기도하는 중에 나보다는 아내의 마음이 킬린에 끌렸다. 아내의 말이었다.

"하나님이 원하시면 아프리카 오지라도 가야하는 것이 우리의 사명인데 킬린이 작은 도시라고 해서 안 간다면 과연 그것이 옳은 것일까요?"

나도 도시의 크고 작음에 개척의 기준을 두지 않기로 했다. 그러자 킬린으로 마음이 향하게 되었다. 텍사스 킬린에 가서 개척하는 것이 하나님의 뜻이라고 믿어졌다.

킬린을 다시 방문하여 돌아보았다. 이곳이 바로 하나님이 나를 보내신 곳이라고 생각하게 되었다. 처음 장로교회 목사님과 함께 킬린에 와서 만났던 권사님의 도움으로 방을 계약했다. 권사님은 내가 킬린에 내려와서 교회를 개척할 때 많은 도움을 주었다. 지금은 함께 신앙  생활을 하고 있지 않지만 그 권사님에 대한 고마움과 감사는 내 마음속에 늘 남아 있다.

이런 고난과 갈등 속에서 마치 양파 껍질이 벗겨지듯 지난날 부족했던 목회의 껍질이 벗겨지기 시작했다. 한국에서 좋은 자리만 차지하고 좋은 대접이나 명성만을 좋아했던 내 자신이 부끄러워지기 시작했다. 한 영혼의 구원에만 전심전력하겠다는 생각이 다시 들기 시작했다. 차라리 한국 사람을 상대하지 않는 초야에 묻히는 심정이었다. 교파에 상관없이 미국의 어느 지역이든지 가서 한 영혼을 구원하다가 하나님 앞에 가고 싶다는 생각이 들었다.

# 제5막

# 1% 더, 세계를 향한 피터 홍

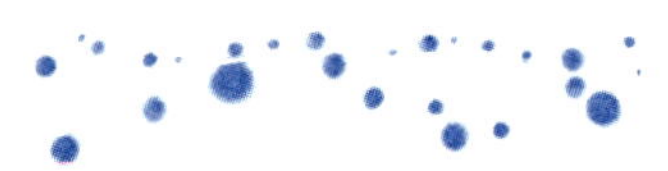

'일을 행하시는 여호와, 그것을 만들며 성취하시는 여호와,
그의 이름을 여호와라 하는 이가 이와 같이 이르시도다
너는 내게 부르짖으라 내가 네게 응답하겠고
네가 알지 못하는 크고 은밀한 일을 네게 보이리라'
예레미야 33장 2~3절

# 이민 목회

## 베드로 그리고 피터 홍(Peter Hong)

나의 한국 이름은 홍기춘이며 미국 이름은 Peter Hong 이다. Peter는 예수님의 제자인 베드로의 이름이다. 미국에서 시민권을 받을 때 이름을 개명하는 기회가 있었다. 그래서 Peter Hong으로 개명하게 되었다.

예수님을 처음 만난 어릴 적 그때는 성경책이 귀했다. 마태복음이든 마가복음이든 한권으로 된 쪽복음서가 있었다. 이 쪽복음서를 읽다가 예수님의 제자인 베드로를 알게 되었다. 나의 아버지는 바다에서 고기를 잡는 어부셨고, 베드로도 갈릴리 바다에서 고기 잡는 어부였다는 데 큰 동질감을 느꼈다. 그때부터 베드로를 마냥 좋아했다. 이름을 베드로로 바꾸면서 미국의 새로운 이민목회지에서 베드로처럼 최선을 다하여 한 영혼을 낚는 어부가 되자고 다시 한번 다짐하였다. 미국에서 어부 베드로처럼 사람을 낚는 어부가 되어 주님께 칭찬받는 어부가 되고 싶었다.

## 이민 목회도 반드시 된다!

2012년, 캘리포니아주 LA지역에서 시무하는 성결교회 교역자 부부들을 중심으로 여름수련회가 라스베가스에서 열렸다. 그 때 나는 그 연합집회의 강사로 말씀을 인도했다. 미국에서 새로운 교회를 세우기까지 이민 목회에 대해 말하면서 특별히 "이민 목회도 반드시 된다!"는 점을 강조했다.

이민 목회가 어려운 것은 사실이다. 그러나 이민 목회도 반드시 성공할 수 있다. 이민 목회의 성패의 비결은 오로지 목회자에게 달렸다. 목사가 목회에 성공하지 못하고 실패한 다음에 변명 따위는 필요 없다. 목회에 성공하려면 남다른 목회를 해야 한다. 그래야 남다른 교회 부흥이 일어난다. 남다른 목회는 많은 차이가 아니다. 아주 작은 차이다. 그것은 하나님께 드리는 남다른 1%의 기도다. 남다른 1%의 말씀으로 무장하는 것이다. 남다른 1%의 목회를 하면 이민 목회도 반드시 된다.

이민 목회를 위해서는 기도와 말씀의 시간이 우선순위가 되어야 한다. 골프가 우선순위가 되어서는 안 된다. 남다른 기도를 하지 않고 말씀에 전심전력으로 무장하지 않으면 목회는 성공할 수 없다. 기도와 말씀을 붙드는 시간보다도 골프에 시간을 더 보낸다면 골프채를 꺾어 버려라. 내가 골프를 치지 않는 것은 기도와 말씀 시간에 우선순위를 두기 때문이다. 골프를 치는 시간을 가지면서 매일 오전마다 기도 할 수는 없다. 또한 말씀을 암송하고 내 것으로 만들 수도 없다.

# 킬린 커뮤니티 센터

## 1998년 3월 15일 첫 예배

버지니아에서 시작하려했던 개척을 포기하고 킬린으로 내려왔다. 미국에서 교회 개척을 하면서 나를 강하게 붙들었던 말씀이 있다. 이 말씀은 강원도 귀래교회를 건축할 때에 받았던 말씀인 동시에 서울에서 교회를 세울 때에도 붙들었던 말씀이다.

'일을 행하시는 여호와, 그것을 만들며 성취하시는 여호와, 그의 이름을 여호와라 하는 이가 이와 같이 이르시도다 너는 내게 부르짖으라 내가 네게 응답하겠고 네가 알지 못하는 크고 은밀한 일을 네게 보이리라' 예레미야 33장 2~3절

'일을 행하는 여호와'는 나를 통해 일을 하시는 하나님이셨다. '그것을 지어 성취하는 여호와'는 나에게 시키신 그 일(교회 건축, 교회 개척)을 하나님이 반드시 성취하심을 의미한다. 또한 '그 이름을 여호와라 하는 자가 이르노라'는 말씀은 하나님의 권세 있는 이름으로 보증 서 주심으로 확실한 사인을 해주셨음이다. 그 하나님은 부르짖을 때에 큰 비밀로 보여주신다고 하셨으므로 기도로 엎드려야 함을 깨달았다.

마침 지난번 킬린에서 만난 권사님을 통해 살 집을 얻었다. 무조건 내려왔기 때문에 예배드릴 장소조차 없었다. 우선 예배드릴 장소를 정해야만 했다. 그래서 찾은 곳이 킬린 커뮤니티 센터였다. 커뮤니티센터 안에 있는 사무실 한 칸을 빌려 일요일, 수요일, 금요일 커뮤니티 센터가 문 닫는 시간에 한 번씩 예배를 드릴 수 있게 되었다. 그러나 그 안에는 아무것도 들여 놓을 수 없고 교회 간판도 붙일 수 없다는 열악한 조건이었다. 만약 커뮤니티 센터에 스케줄이 생겨 문을 여는 날이면 우리는 예배를 드릴 수 없는 형편이었다. 한 주에 100달러의 사용료를 냈다. 커뮤니티 센터에서 두 달 반을 예배드리는 동안 주일 두 번을 예배드리지 못했다. 당시 출석했던 성도의 집에서 예배를 드리기도 했다. 너무도 초라했다.

커뮤니티 센터에서 처음 예배를 드리던 1998년 3월 15일은 너무도 감격스러웠다. 깜깜했던 지난 1년 동안의 어둠이 걷히고 광명의 새 아침을 연 순간이었다. 야곱이 얍복강변에서 환도뼈가 부러지도록 기도하며 깜깜한 밤을 보낸 다음에 광명의 새아침이 솟아오른 브니엘의 아침 같았다.

3월 15일 주일 예배를 드리기 전날 저녁 아내와 딸은 방 안에서 다음날 있을 예배를 준비했다. 가장 싼 마이크 한 개, 80달러짜리 스피커 하나, 딸이 칠 키보드 하나를 가지고 1년간의 길고 긴 어두웠던 터널을 지나 새로운 아침을 맞이하는 예배의 리허설을 했다. 딸에게 찬송가를 한 번 반주하라고 했고 나는 마이크를 들고 '아! 아! 아!' 소리를 내면서 첫 주일을 감격스럽게 준비했다. 이곳에 새로이 교회를 개척하면서 한 영혼만이라도 구원하며 한 영혼만이라도 잘 돌보자는 마음이 들었다. 첫 시작부터 큰 교회, 많은 성도들을 꿈꾸지 않았다. 오직 한 영혼에 대한 사랑과 진실한 목회에 대한 생각이 전부였다. 우리 교회도 개척 교회이지만 첫 번째 개척 예배 때 들어오는 헌금은 선교와 구제로 모두 내어 보내기로 했다. 하나님이 기뻐하시는 일이 무엇일까를 생각하며 예배 헌금을 다 내어 보내게 되었다.

킬린커뮤니센터

## 떠돌이 약장수 같은 교회

당시 지역 사회에 떠도는 말은 이러했다.

"이름도 없고 교회도 없이 커뮤니티 센터에서 예배드리는 저 교회는 곧 문을 닫을 것이다. 그리고 몇 달을 넘기지 못할 것이다."

사람들이 볼 때, 우리 교회를 향하여 그런 말을 할수 있을 것이라 이해가 되었다. 그러나 처음 미국에 이민 와 버지니아에서 고통스럽게 보냈던 1년의 연단은 나를 강하고 담대하게 만들었다.

"하나님이 나와 함께 하시고 나를 도와주시는 한 결코 문을 닫지 않으리라. 반드시 살아나서 이 땅에 교회를 세우리라. 한 영혼만 잘 양육하여 천국을 가게 만든다면 나는 승리한 목사다."

하나님이 기뻐하시는 영혼 구원을 위해 한 영혼, 한 영혼을 사랑하는 마음을 갖기로 결심했다. 인간적인 성공을 바라보기보다는 하나님이 함께 하시는 승리만 바라보았다.

커뮤니티 센터에서 간판도 못 붙이게 하므로 교회 이름을 알릴 수 없었고, 예배가 끝나면 모든 짐을 싸고 철수를 해야 했다. 떠돌이 약장수 같은 형편이었다. 이런 식으로 계속 된다면 교회가 제대로 뿌리를 내릴 수 없다고 판단되었다. 어려워도 교회를 마음 놓고 사용할 수 있는 예배 처소를 구하는 것이 급선무였다.

한국에서 떠돌이 약장사들이 만병통치인 것처럼 약을 팔며 짐을 또 싸서 이동하는 것을 본 적이 있다. 커뮤니티 센터 안에 짐을 풀어 놓고 오래된 4천년 묵은 구약, 그리고 2천년 묵은 신약을 팔다가 예배를 마치기 무섭게 주섬주섬 작은 스피커 1개, 마이크 1개, 키보드를 다시 챙겨서 차에 실고 집으로 갔다가 예배 때가 되면 다시 커뮤니티 센터에 향하는 모습이 마치 떠돌이 약장수 같았다. 사실 어떻게 보면 나도 영적인 약인 신약과 구약을 팔러 다니는 약장수일지도 모른다.

# 텍사스 성결교회

## 텍사스에 성결교회의 첫 깃발을 꽂다

하나님의 뜻이라고 믿고 텍사스 킬린에 교회를 개척한다고 기도하며 작정했을 때 나는 많은 성도도, 큰 교회의 건물도 꿈꾸지 않았다. 1년 동안의 고난과 연단이 나로 하여금 한 영혼만이라도 잘 돌보자고 하는 뜨거운 마음을 새롭게 불러 일으켰다. 그런 심정으로 킬린에 복음의 깃발을 꽂았다.

커뮤니티 센터에서는 교회가 뿌리를 내릴 수 없으므로 어려워도 임대할 수 있는 건물을 찾아야만 했다. 현재 모인 성도와 재정으로는 건물을 임대하기 버거웠다. 그러나 믿음으로 찾았다. 돈을 생각하고 성도의 숫자를 생각하면 안정된 교회 건물을 얻기 어려웠다.

그릇을 제대로 갖춰야 좋은 음식을 담듯이 개척교회라도 안정된 상가를 얻어야 교회가 제대로 설 수 있다고 믿었기에 힘이 들어도 과분한 상가계약을 했다. 상가의 렌트비와 유지비 등을 생각하면 벅찬 일이었지만 믿음으로 담대히 나아갔다. 5천스퀘어피트(140평) 면적의 상가 일부분을 임대로 계약했다. 마음 한편에서는 '어떻게 이것을 감당할 것인가' 하는 염려도 있었지만 어차피 하나님이 함께 하신다는 것을 믿었기 때문에 담대할 수 있었다.

상가를 계약했지만 해결해야 할 일들이 있었다. 첫째는 예배당 안에 채워야 될 강대상, 성전의 의자, 제대로 된 피아노와 음향시설 등이었다. 가장 연세가 많으셨던 85세 정도 되시는 노인 권사님이 강대상을 봉헌해 주셨다. 그분은 현재 G3교회의 강단에서 사용하는 강대상까지 봉헌해 주셨다. 그리고 성전 건축 대지를 구입할 때에도 5천 달러의 건축헌금을 하셨다. 당시 정부아파트에 사시던 노인 권사님에게는 엄청난 액수였다. 지금은 하늘나라에 계신다.

텍사스성결교회 내부

교회 이름을 텍사스 성결교회로 정했다. 가장 큰 글자 크기로 건물의 한 쪽 벽면을 '텍사스 성결교회' 이름으로 도배를 했다. 텍사스 성결교회라는 이름 글자 하나 하나를 아주 크게 해서 붙였다. 그리고 교회 이름 옆에 조그맣게 불 들어오는 간판으로 '오직 예수' 라고 붙였다. 내 마음은 오직 예수님만 이 땅에 전하고 싶은 마음에서였다.

교회가 부흥되기 시작하자 비방하거나 시기하는 자들은 '오직 예수'는 이단이라고 말했다. 그리고 성도가 적은데도 큰 상가를 임대하여 교회를 세웠다며 텍사스 성결교회는 6개월 이상을 못 버틸 것이라고 했다. 무수한 시기와 질투의 말들이 끊임없이 들렸다. 그러나 나는 전혀 개의치 않았다. 부정적인 말에는 전혀 귀를 기울이지 않았다.

'속된 말로 개는 짖어도 기차는 간다. 누가 뭐라고 해도 하나님이 나와 함께 하시고 나와 지금 동행하고 계심으로 텍사스교회는 반드시 부흥의 불길이 일어난다.'

텍사스성결교회

## 무엇으로 승부를 걸 것인가?

킬린에서 교회를 개척하고서야 이 지역의 사정을 비로소 알게 되었다. 하나님의 뜻이라고 믿고 기도하며 무조건 왔기 때문에 이 지역에 관해서는 아무것도 몰랐다. 한인 인구는 약 8천명 정도였다. 교회는 21개, 기도원이 2개가 있었다. 교회들은 대부분 20년에서 30년 가까이 오래되었다. 이미 안정되고 든든히 서있는 교회들이었다. 우리 교회처럼 초라한 교회는 없었다. 각 교파의 교회들이 이미 다 들어서 있었고 유일하게 성결교회만 없었다. 텍사스성결교회가 이 지역의 첫 번째 성결교회였다. 처음으로 성결교회가 킬린에 세워지자 일부 부정적인 사람들은 성결교회를 이단이라고 말했다. 기독교계의 정통 교단으로 알려진 성결교회를 무조건 잘못 판단하고 비판하는 것은 하나님을 잘못 이해하는 것같아 마음이 아팠다. 늦게 시작한 텍사스성결교회가 어떻게 해야 부흥할 수 있을 것인가 기도하며 고민하기 시작했다.

이민 목회의 승부를 무엇으로 걸 것인가? 나는 미국에서 공부한 일이 없다. Ph. D.학위도 없다. 영어에 능통하지도 않다. 젊은 나이도 아니다. 그렇다면 남다른 목회를 하지 않으면 승리할 수 없다고 생각했다. 열심히 심방하고 전도하는 것도 중요하지만 나에게 남이 가질 수 없는 무엇인가가 있어야 한다고 생각했다.

## 1% 남다른 목회

이민 목회의 주위 환경을 볼 때 모든 조건이 미약하고 부족했기 때문에 남다른 목회를 하지 않으면 목회에 승리할 수 없다고 생각했다. 목사가 목회에 실패한 다음 변명하는 것은 전쟁에서 패배한 군사가 무기 탓하는 것과 마찬가지이다. 교회가 어떤 어려운 조건에서 개척이 되었든지 개척한 교회가 부흥되지 않으면 전적으로 목회자의 탓이다. 기도 중에 남다른 1%의 각오를 가지게 되었다. 그 때에 가진 각오는 두 가지다.

'1% 남보다 더 기도하는 목사가 되자! 1% 남다른 말씀의 목사가 되자!'

남다른 목회를 해야 남다른 교회의 부흥이 일어난다고 믿었다. 1%의 남다른 차이는 성공과 실패의 변곡점(Turning point)이 된다. 그 일을 실천하기 위해서 계획을 세웠다. 그리고 몸부림을 쳤다. 1%의 남다른 기도를 드렸다. 주일을 제외하고는 월요일부터 토요일까지, 그리고 휴일도 상관없이 오전은 무조건 성전에 엎드렸다. 때로는 기도줄이 안 잡힐 때도 있었다. 때로는 졸다가 오전까지 시간만 때우는 때도 있었다. 그러나 하나님께 내 모습을 보이고자 오전 시간은 최우선 순위로 성전에서 하나님께 무릎을 꿇었다.

이것은 지금까지 진행되고 있고 앞으로 목회를 마치는 그날까지 계속될 것이다. 그래서 목회의 모든 일정은 오후시간으로 맞춰 놓았다. '기도는 나의 재산입니다. 기도는 교회의 재산입니다' 라는 표어를 현수막으로 교회에 달았을 뿐만 아니라 내 마음에도 굳게 새겼다. 16년을 오전에 성전에서 기도할 때마다 폭포수처럼 주시는 하나님의 은혜를 체험하며 감사의 눈물을 많이 흘렸다. 가장 감동과 감격의 울음이 터질 때는 하나님이 내 아버지가 되신다는 사실이 뜨겁게 와 닿을 때였다. 그래서 하나님을 '아빠, 아빠'라고 부른 적이 수없이 많았다. 부족하지만 매일 오전마다 하나님 앞에 내 모습을 보이려고 최선을 다하는 것을 보시고 순간순간 기적으로 교회를 축복하셨고 나에게도 복을 주셨다.

또 하나 1%의 남다른 노력은 성경말씀을 암송하는 것이었다. 나 자신이 살아 움직이는 성경책이 되고 싶었다. 어떻게 해야 살아 움직이는 성경책이 될 수 있을까 생각하다가 마태복음 1장부터 요한계시록 22장까지 신약성경의 전 장을 암송하기 시작했다. 각 장마다 중요한 내용과 성구들을 암송하기 시작했다. 처음에는 3개의 그림으로 각 장을 표현한 그림책을 가지고 암송하기 시작했다. 그 결과 신약성경 전체에 들어있는 중요한 각 장의 내용이 무엇인지를 새삼 깨닫기 시작했다. 각 장을 인지하고 나서는 각 장의 요절들을 외우기 시작했다. 그런 다음에는 그림으로 연상하여 암송하는 단계를 넘어서 말씀의 내용 자체를 암송하기 시작했다. 그렇게 수년간 반복하고 암송하고 되짚어 보다보니 신약성경 전체가 내 속에 들어왔다. 말씀이 방대하기 때문에 매일매일 계속적으로 반복하지 않으면 순간적으로 바로 튀어나오지 않을 때가 있다. 월요일부터 토요일사이에 신약성경 전체를 외운 것을 잊지 않기 위해 반복적으로 암송하는 것을 지금까지 계속 하고 있다. 성경 말씀을 암송하다 보니 무엇보다 전에는 어려웠던 요한계시록이 잘 정립되어 어느 순간에든지 쉽게 전할 수 있는 눈이 열리게 되었다.

신약만 암송한 것이 아니라 구약도 암송하기 시작했다. 첫 번째 시도한 것이 시편 150편을 모두 암송하는 것이었다. 그래서 먼저 시편을 50장씩 세 단계로 구분해 암송했다. 시편 장마다 중요한 성구들을 뽑아서 손으로 일일이 암송카드를 만들어 기록했다. 그리고 시편 전체 150편 중에서 10분의 1은 암송하고자 했다. 그래서 시편 1편 1~6절, 8편 1~9절, 19편 1~14절, 23편 1~6절, 24편 1~10절, 84편 1~12절, 100편 1~5절, 117편 1~2절, 121편 1~8절, 126편 1~6절, 127편 1~5절, 128편 1~6절, 133편 1~3절, 134편 1~3절, 136편 1~26절, 150편 1~6절 총 16편의 전체를 조사하나 틀리지 않고 암송할 수 있게 되었다. 구약도 마찬가지로 창세기 1장부터 50장까지, 출애굽기 1장부터 40장까지의 장을 모두 외우고 그 내용을 암송했다. 그리고 민수기부터 여호수아까지는 장의 내용만 암송하고 중요한 성경구절만 뽑아냈다.

신구약을 막론하고 내 마음에 와 닿아 부딪히는 성경구절이 있으면 암송카드에 기록하여 암송했다. 한 절 한 절 암송할 때에는 잘 암송되는 것도 있었지만 어떤 성결구절은 암송이 잘 안되었다. 성경구절을 내 속에 넣기까지 수백 번이고 수천 번이고 암송했다. 너무 방대한 양이 되자 나만의 방식으로 암송요령을 만들었다. 신약 전체와 시편 전체, 모세오경 그리고 성경66권 전체에서 나름대로 뽑아내어 암송한 구절이 매우 방대하므로 이것을 잊지 않기 위해 각 주제별로 분리를 하여 일주일마다 이 모든 구절을 반복하였다. 지금도 이 모든 방대한 성경구절을 잊지 않으려고 끊임없이 노력하고 있다. 일주일에 한 번씩 지금까지 암송한 성경 전체를 반복적으로 암송하는 것은 끊임없는 노력과 인내가 필요하다. 그래서 나는 비행기를 탈 때나 운동하면서, 잠자리에 누워서까지 끊임없이 반복을 하곤 한다. 부흥회를 인도하러 한국에 나가는 비행기를 타는 시간은 암송하기에 절호의 기회이다. 달라스에서 한국까지 비행기는 거의 15시간을 비행하지만 지루하고 힘이 든 적이 없다. 성경을 반복적으로 암송할 수 있는 소중한 시간이었기 때문이다 .

## 축제의 예배를 시작하며

예배의 경우, 전통적인 기존 형식을 벗어 버리고 찬양과 기도에 집중을 하는 축제 형식으로 예배를 드리기 시작했다. 주일 예배를 비롯하여 모든 예배는 정시에 시작하되 찬양단의 찬양으로 시작하게 했다. 당시에는 개척교회였으므로 찬양에 필요한 좋은 영상 장비를 구할 수 없어 필름에 찬양가사를 써서 OHP에서 비춰지는 희미한 찬양가사를 보면서 찬양했다.

형광등 등불이 달린 상가 임대교회 주일 낮 예배 때에도 OHP로 찬양 가사를 비추며 찬양했다. 찬양시간에 강단 쪽 형광등은 꺼야 찬양가사가 잘 보였으므로 강단 쪽 형광등은 켜지 않았다.

그때 처음 온 새 신자들의 모습에 우리 교회가 어떻게 비춰졌을까? 희미하게 보이는 형광등 불빛 밑에서 찬양하고 있는 우리의 모습들을 보면서 미쳤다고 할 수도 있었을 것이다. 그러나 찬양은 하나님이 기뻐하시는 일이기에 사람들의 시선을 전혀 아랑곳하지 않고 찬양을 하였다. 찬양단의 인원도 적었고 악기를 다루는 사람도 극소수였지만 믿음으로 찬양하다 보면 좋은 찬양단으로 부흥시켜 주리라 믿었다. 형식에 얽매이지 않는 찬양으로 예배가 진행되었고 개인기도와 통성기도에 힘썼다. 기도와 찬양이 살아 있어야 교회가 부흥된다는 확신을 가졌기 때문이다.

### 부흥과 기적의 순간들

개척 후 성전 안에서 예배를 드릴 긴 의자가 필요했다. 그래서 교회용 중고의자를 찾아 나섰다. 의자가 있다고 하는 곳은 모두 찾아보았다. 달라스 근교, 휴스턴, 샌안토니오 할 것 없이 텍사스 곳곳을 찾아 헤맸다. 미국에서는 한국처럼 교회용 중고 의자를 쉽게 구할 수 없었다. 교회 중고 의자를 판다는 미국 교회들을 만나면 거의 1년 후에 새것으로 교체할 때 팔겠다는 조건을 내세웠다. 할 수 없이 철제 접이식 의자를 구하려고 하는데 마침 킬린에서 1시간 정도 거리에 있는 웨이코의 어느 미국교회로부터 연락이 왔다. 불에 그을린 의자라도 사겠냐는 것이었다.

웨이코로 찾아가 보았더니 큰 미국 교회였다. 희한한 것은 교회에 불이 났는데 예배당의 한 곳에서만 불이 나서 예배용 긴 의자 일부를 태웠고 나머지는 불에 그을린 정도였다. 그래서 수건으로 그을린 부분을 닦아 보니 상태가 비교적 좋았고 나머지 부분은 새 것과 다름이 없었다. 약 25개의 교회용 긴 의자를 1천 달러에 가져올 수 있었다. 더욱이 운반까지 해주었다. 당시 우리 교회는 개척 초기라 노인과 적은 수의 여성도만이 모였기 때문에 거저 준다고 해도 그 무거운 긴 의자를 가져올 수 없었다. 다행히도 그 교회에서 운반까지 해서 교회 안까지 다 배열해주었다. 그것은 운반비만 받고 거저 준거나 다름없었다. 텅 빈 교회에 긴 의자가 갖춰지니 그제야 교회다워 보였다. 그래서 비록 개척교회였지만 처음 오는 성도들이 초라하다는 느낌 없이 신앙생활을 할 수 있었다. 나는 '죄송한 마음이지만 하나님이 큰 교회에 불을 살짝 내주셔서 우리 어려운 교회에 도움을 주셨구나'며 감사했다.

미국에 온 지 얼마 안 되어 영어도 부족하고 길도 잘 몰랐지만, 오직 성전의 의자를 구해야 하겠다는 간절함과 뜨거운 열정으로 찾아다닌 것을 하나님은 어여쁘게 보시고 생각지 않은 엉뚱한 곳에서 의자를 허락해 주신 것을 경험하면서 기도하며 최선을 다하여 뛰는 사람들은 하나님이 기필코 도와주심을 다시 한 번 깨닫게 되었다.

강대상을 올려놓을 단을 짜려고 목수에게 부탁했다. 목수는 믿지 않는 분이었지만 강단 뒷면의 큰 십자가를 무료로 해주었다. 하나님은 작은 것 하나까지도 믿는 자나 안 믿는 자나 그들의 마음을 움직여서 교회가 정착하고 성장하도록 도와 주셨다.

개척 초기에는 '그저 10명의 신자들만 있어도 좋겠다' 라는 생각뿐이었다. 그러나 하나님의 도우심과 은혜로 20명이 넘어가고, 50명이 넘어가고, 80명이 넘어 100명을 넘어섰다. 결국 교회가 부흥이 되고 성도들이 교회에 차게 되자 더욱 안정된 예배당이 있으면 좋겠다는 비전을 갖게 되었다. 안정된 예배당이 있어야 2세 교육과 선교에 더욱 힘쓸 수 있으며 지역사회의 중심이 될 수 있기 때문이다. 기도하며 새 성전에 대한 비전을 품게 되었다.

어느 날, 한 집사님이 나를 찾아와 이렇게 말했다.

"땅 6에이커(7천 500평)가 있습니다. 홍 목사님이 이곳에 개척하기 전부터 그 땅을 어느 목사님에게 드리려고 했으며 그 목사님도 받으려 하였지만 일이 성사되지 않았습니다. 그러다가 홍 목사님을 보니 그 땅을 홍 목사님께 개인적으로 드리고 싶습니다. 목사님이 은퇴 후에 노후자금으로 이 땅을 쓰십시오."

“나에게 개인적으로 주지 말고 성전건축 헌금으로 드리세요.”

그 때 우리 교회는 건축을 계획하고 있었으므로 그 집사님께 이렇게 말했다. 나와 그 분 의견이 서로 달랐다. 나는 교회에 드려야만 받을 수 있다고 했으며 그 집사님은 “목사 개인에게 드리고 싶다”는 것이었다. 나는 끝까지 개인으로는 받을 수 없다고 거절했다. 결국 그 집사님은 내 의견을 받아들여 그 땅을 교회에 바쳐 성전을 신축하는데 봉헌하게 되었다.

‘나에게 주어진 땅을 하나님께 바친다고 해서 누가 알아주는 것도 아닌데…. 그 땅을 팔아서 내가 가지면 꽤 많은 돈을 내 손에 쥐었을 터인데….’

이런 생각을 할 수도 있었겠지만 그 땅을 성전 신축에 봉헌하니 내 마음은 하나님 앞에서 뛸 듯이 기뻤다.

어느 날, 현재 G3교회가 건축되어 있는 도로 Terrance Dr.를 따라서 심방을 가다가 For Sale이라고 쓰여진 푯말을 보았다. 그 땅은 13에이커(약 1만 5천평)가 넘는 큰 땅이었다. 그 땅 주인은 우리에게 그 땅이 아닌, 그 땅 옆에 있는 땅을 소개해주었다. 이 땅은 미국 교회의 어떤 목사님이 3에이커(4천 200평)를 사가지고 교회를 건축하려고 계획하다가 끝내 못하고 돌아가셨다는 것이었다. 이러한 사연은 결국 우리 텍사스성결교회가 땅을 싸게 살 수 있는 기회가 되었다.

강대상을 봉헌했던 홀로 사시는 할머니 권사님이 5천 달러를 봉헌하시고 등록한 지 얼마 되지 않은 새 신자가 1만 달러를 기쁨으로 드리고 무명의 한분이 5천 달러를 봉헌하고 나머지는 개척 후 2년 동안 모아진 교회의 재정으로 3만9천 달러짜리 3에이커(4천 200평)의 땅을 빚지지 않고 구입하는 기적이 일어났다. 성전을 건축할 대지를 은행융자 없이 적은 가격으로 구입함에 따라 교회는 나머지를 건축헌금으로 적립하였다. 교회는 비전을 향하여 한 걸음 더 가까이 가게 되었다.

# 그레이스
# 임마누엘교회

## 새 성전, 새 이름

성결교회 불모지인 텍사스에 개척을 한 지 5년 만에 새 성전을 건축하고 입당한다는 것은 너무나 큰 하나님의 은혜였다. 이민 목회가 어렵다고 이구동성으로 말을 하지만 하나님은 우리 교회를 축복하셨다.

땅을 구입하여 교회를 신축하는 것은 한국과 달리 어려운 일들이 많았다. 까다로운 건축 법규 등과 영어로만 진행되는 설계부터 시작해 건축업자들과의 만남과 의사소통, 은행에서 대출하는 과정이 너무 어려웠다. 최첨단 인텔리전트 라이트 조명 시설과 음향 설비 등을 영어권 기술자를 통해 설치하면서 언어의 장벽을 절감했다.

그러나 감사하게도 하나님은 영어를 잘하는 성도를 통하여 그때마다 모든 문제를 해결해주셨다.

처음 텍사스 킬린에서 개척할 때 붙여진 텍사스성결교회는 텍사스에만 국한된 느낌이었다. 그러나 새성전을 신축하면서 더 넓은 의미를 포함하는 이름으로 바꾸고 싶었다. 기도하면서 새 성전의 이름을 생각하게 되었다.

하나님의 은혜로 미국까지 와 개척하게 되었다. 개척 초기부터 순간순간 기적의 손길로 인도하신 하나님의 은혜가 너무도 감사하게 느껴졌다. 새 성전을 건축하고 입당하여 하나님 나라의 확장과 세계 선교를 위해 땅 끝까지 선교의 확장을 넓히려면 우리의 힘과 능력이 아니라 하나님의 은혜로만이 가능했다. 하나님의 은혜를(Grace) 생각하며 하나님의 은혜가 영원토록 함께하기를 바라는 마음에서 '하나님이 함께 하신다'(Immanuel)라는 두 단어를 합하여 'Grace Immanuel' 교회로 이름을 정하게 되었다.

## 형식을 벗어버린 예배

성전을 건축하기 전, 일반 성전의 틀을 벗어나 극장형 슬로프 형태의 바닥과 강단 전체적인 면을 인텔리전트 라이트를 비춰서 하나의 스크린으로 비춰지도록 계획하였다. 나무십자가를 붙이는 전통적인 교회들과 달리 영상을 통하여 십자가상의 예수님 모습을 컬러로 나타내게 하였다. 강단은 연극단원들이 연극을 하는 무대처럼 일반 교회보다 크고 넓게 만들었다.

그리고 강단에는 작은 크리스탈 강대상 외에는 앉는 의자를 두지 않았다. 찬양에 필요한 악기와 음향기기만 설치했다. 이렇게 교회 강단을 만든 것은 열린 예배 형태로 찬양에 집중하고 싶었기 때문이다. 담임 목사부터 회중석에 앉아서 찬양하며 찬양이 끝난 후에는 온 성도와 함께 통성으로 기도하면서 기쁨과 감격의 함성소리를 드리는 축제 예배를 드리고 싶었다. 그래서 교회 전체 조명부터 환하게 일반 공연장보다 아름답고 밝은 환경으로 만들었다. 예배의 형태는 순서가 없으며 대표 기도도 없다. 정확히 정시에 찬양단의 찬양으로 예배를 시작한다.

설교는 소망과 비전을 심어주는 하나님의 말씀 선포였다. 한국에 살고 있는 사람들보다 이민자의 삶을 살아가고 있는 사람들에게는 사회적인 환경과 언어적인 문제로 인한 스트레스가 많다. 미국에서 태어나 교육을 받은 세대 외에 한인 이민자들이 주류사회에 편입되는 것은 어렵다. 언어의 장벽을 뚫고 미국 사회에서 살아간다는 것이 쉽지 않은 일이기 때문이다. 일주일동안 세상에서 살다가 하나님의 성전인 교회에 와서 예배를 드리며 영적인 새 힘을 얻고 마음의 각오와 결단으로 다시 사회 속으로 들어가 어려움들을 이길 수 있도록 도와주는 것이 필요하다.

물론 회개 설교와 책망 설교도 필요하다. 그러나 나는 하나님의 말씀에서 밝은 면을 강조하고 싶었다. 창세기 1장에서 천지를 창조

그레이스 임마누엘교회

하신 후에 "보시기에 좋았더라"라고 말씀하셨고, 사람을 창조하신 후에는 "보시기에 심히 좋았더라"고 하셨다. 하나님은 어려운 면을 보지 않고 긍정적으로 보셨다. 민수기 13장과 14장에 가나안 땅을 정탐했던 정탐꾼들은 두 부류로 갈라졌다. 한 부류인 10명의 사람들은 가나안 땅의 힘들고 어려운 면만을 바라보고 "못들어 간다, 죽는다"는 말만 했다. 그러나 여호수아와 갈렙은 똑 같은 환경을 보고서 긍정적이고 희망적인 말을 선포했다.

"하나님이 우리와 함께 하시니 우리는 그 땅에 들어가리라. 그들은 우리의 밥이라. 그 땅은 젖고 꿀이 흐르는 아름다운 땅입니다."

그 선포대로 여호수아와 갈렙만이 가나안 땅에 들어가는 승리의 주인공들이 되었다. 그래서 나는 긍정적이고 희망적인 말씀을 선포하는데 집중하였다. 어려운 현실 속에서도 "나는 할 수 있다"라는 메시지의 말씀을 현수막으로 매달아 성도들이 함께 비전을 향해 나갈 수 있도록 했다.

'할 수 있거든이 무슨 말이냐 믿는 자에게는 능치 못 할 일이 없느니라'

마가복음 9장 23절

'내게 능력 주시는 자 안에서 내가 모든 것을 할 수 있느니라' 빌립보서 4장 13절

## 새 성전 건축 이후

2003년, 재적 인원 70명 출석 인원 50~60명의 작은 인원으로 새 성전을 건축한다는 것은 사람의 계산법으로 보면 불가능한 일이었다. 성도들에게 건축헌금을 적극적으로 작정하자고 할 수도 없었다. 성전 건축을 위한 재정은 헌금으로 모은 일부가 있었다. 그러나 그것으로 건축하기에는 턱없이 모자랐다. 교회가 받은 땅을 팔아도 모자랐다.

새 성전 건축은 어느 때나 이루어질까? 성전 건물도 없이 상가를 임대하여 예배를 드리고 아이들을 교육하는 데에는 한계가 있었다.

기도하는 중에 믿음으로 성전을 건축하지 않으면 부흥이 어렵다는 것을 깨닫고 은행의 융자를 받아 새 성전을 건축하기로 하였다.

입당을 하고 보니 예배당 안이 썰렁하였다. 그러나 하나님의 은혜로 점차 부흥되기 시작하였다. 그러자 한편에서 시기, 질투 하는 사람들이 "저 교회는 마치 극장 같다"라고 비난하기도 하였다. 새로 신축한 성전 안의 조명이 밝고 환한데다 영상들이 강단 스크린을 비추는 최첨단의 시설, 즉 하늘의 구름이 떠가는 것처럼 보이는 영상들 때문이었다.

사실 우리 교회의 인원과 형편에 맞게 보다 작고 아담한 교회를 지을 수 있었지만 그릇대로 성장하고 부흥할 수 있을 것이란 믿음과, 지역의 센터가 되어야 한다는 비전이 있었다. 그래서 우리 자원에 걸맞지 않는 1만 5천 스퀘어피트의 큰 교회를 짓게 되었다. 그러나 하나님은 예배당을 채워주시기 시작했다. 믿음의 그릇대로 채워주시는 하나님의 역사를 보게 되었다.

예수님의 말씀대로 "네 믿음대로 될지라"는 말씀을 실감하였다. 지역 사회의 한인회나 한인 사회의 큰 모임이 있을 때 우리 교회만이 그 일을 감당할 수 있으므로 우리 교회를 개방하고 있다. 결혼식, 8.15행사, 그리고 킬린 시와 자매결연을 맺은 한국 오산시에서 오는 행사, 광주 조선대학교에서 오는 공연팀, 한국에서 온 유명한 복음성가 가수들, 최인혁, 박종옥, 전용대 그리고 여러 가수들의 공연, 그리고 유태영 박사 간증집회 등의 큰 행사를 우리 교회에서 감당하게 되면서 점차 지역 사회의 센터로 자리 잡게 되었다. 이런 행사를 담당할 때마다 사람들은 "이렇게 좋은 영상, 음향 시스템을 갖춘 이민 교회는 처음 본다"고 말하였다.

성전 건축과 교회 부흥으로 인하여 한국과 세계를 다니며 부흥회를 인도하고 선교하게 되었다. 2007년에는 미주성결교회 총회의 부총회장으로 선출 되었다. 교회 창립 10주년이 되는 해인 2008년 4월 14~18일에는 제 29회 미주성결교회 총회가 본 교회에서 개최되었고 이 총회에서 나는 미주총회의 총회장으로 선출되어 우리 교회를 넘어 미주성결교회 전체를 위하여 봉사할 수 있게 되었다.

# GIC 장자도 교회 봉헌

미주 총회장이 되던 해인 2008년 2월 한국에 부흥집회를 인도하려고 나갔다. 강원도 춘천에서 부흥회를 인도한 뒤 영적 고향이었던 군산 중동교회에서 집회를 하게 되었다.

군산중동성결교회는 내가 장자도 섬에서 군산으로 나온 이후 다닌 교회였으며 영적 성장의 디딤돌이 되었던 모 교회다. 당시 담임목사님이셨고 지금은 천국에 계신 김용은 목사님이 기도해주시고 친히 신학교를 갈 수 있도록 추천서를 써 주시고 격려와 힘을 주셨다. 군산 중동 성결교회는 신학교를 가기 전까지 나의 영적 꿈을 맘껏 펼칠 수 있었던 곳이다.

40여 년이 지난 후에 목사가 되어, 그리고 부흥 강사가 되어 모 교회에서 부흥회를 인도한다고 생각하니 너무 가슴이 벅차고 흥분

되었다. 10번의 부흥 집회를 인도하는 동안 하나님이 큰 은혜를 부어주셨다.

부흥집회 기간에 고군산 일대 성결교회 교역자들이 참석하였으며 장자도 성결교회 성도들도 참석하였다.

또한 군산에 나와 있었던 섬 출신 성도들뿐만 아니라 나를 알고 있는 믿지 않던 사람들도 참석하였다. 저녁 집회를 마친 후에 묵고 있던 호텔로 장자도 교회 성도들과 담임 교역자가 찾아왔다. 그리고 그들은 어려운 장자도 교회의 형편을 얘기했다. 50년 된 교회 건물이 노후되어 비가 많이 새고 무서운 강풍의 바닷바람이 교회를 덮쳐 수리하거나 신축하지 않으면 안 되는 상황이라고 했다. 장자도 교회는 수리나 신축을 감당할 수 있는 형편이 되지 못하는 아주 작은 미자립 교회다. 성전을 수리하거나 신축해야 하는데 자신들의 힘만으로는 할 수 없다며 어찌해야 할지를 모르는 전도사님(현재 목사님)과 성도들에게 나는 부흥회 사례비 전액을 건네주며 염려하지 말고 함께 기도하자고 격려해 주었다. 그리고 미국에 돌아와 본교회 모든 성도들에게 알려 합심하여 기도했다. 후에 우리교회는 장자도교회 신축비 전액을 봉헌하였다.

이는 본 교회 창립 10주년에 장자도교회를 그레이스 임마누엘 교회 지교회로 세우는 계기가 되었다. 하나님께서는 장자도 교회를 건축하게 하시려고 나를 중동성결교회 부흥회로 보내셨다. 한국의 섬 장자도 성전 건축을 위하여 전액 헌금하고 지교회를 건축하였다. 내부 모든 성물까지도 봉헌해 'GIC(그레이스 임마누엘교회) 장자도 교회'가 되었다. 장자도 교회 성전을 건축하여 봉헌하던 날 CBS TV를 비롯한 크리스천 매체들이 취재하여 널리 알려주었다.

교회는 10주년을 지나면서 안정된 부흥을 계속 이어갔다. 또한 나는 세계를 향한 선교 비전의 꿈대로 한국 부흥 집회뿐만 아니라 전 세계에 퍼져있는 이민 교회들과 교파를 초월한 부흥회를 인도하게 되었다.

G3 장자도 지교회

# G3교회 (God. Grace. Galilee)

## G3교회 이름

모두들 G3교회의 이름을 의아하게 생각한다. 교회 명칭이 이렇게 붙여지게 된 경위는 이렇다. 지난 2010년 가을에 김성겸 목사가 시무하는 호주의 시드니 힐스 성결교회 부흥회를 인도하기 위해 본교회 소속 선교 찬양팀인 아름찬양단(국악포함)도 동행하게 되었다.

시드니에서 부흥 집회를 마친 후, 아름찬양단과 함께 찬양으로 세계에 알려진 힐송 교회에 참석하였다. 우리교회의 찬양도 힐송교회처럼 되길 원하는 마음에서였다. 영상 시설이 잘 되었다는 또 다른 호주의 교회도 갔다. 교회 문 밖을 나온 나는 한 호주인에게 교회의 이름이 무엇이냐고 물었다. 그는 친절하게 설명해 주었다. 그 교회의 이름은 C3 교회이며 그 의미는 Christ, Christian, City로, 첫 글자 C를 따서 C3 교회라 이름을 붙였다는 것이었다. 순간 아이디어가 내 머리를 번쩍 스쳐갔다. 내가 오랫동안 기도하며 찾던 교회 이름의 아이디어를 받는 순간이었다.

G3 교회 명칭을 갖기 전에 우리 교회를 놓고 여러 가지를 생각하였다. '성전을 시작하게 하신 하나님 God', '여기까지 함께하신 하나님의 은혜 Grace', '영원한 미래 비전을 가지고 마지막으로 성전 신축을 계획하는 갈릴리 비전 프로젝트 Galilee' 라 해서 God, Grace, Galilee의 첫 글자 모두 합하여 G3 교회라 이름하였다. 모두를 아우르는 이름이 탄생되는 순간이었다. 미국에 돌아와서 성도들에게 내용을 설명하고 G3 교회라 간판부터 바꾸고 주정부에 등록된 이름까지 바꾸게 되었다.

# 갈릴리 비전 프로젝트 (Galilee Vision Project)

갈릴리 비전 프로젝트는 새로운 성전을 다시 건축하려는 계획을 세우면서 붙여진 이름이다. 처음 입당할 때에는 본 교회당 건물이 너무 큰 것 같았으나 세월이 지남에 따라 본당 뿐아니라 교육관과 애찬실 등의 시설들이 비좁아서 교육하기 어려웠으며 더 큰 부흥의 길을 가기에는 한계가 있었다.

성전을 신축한 후에는 은행 융자를 갚아야 했으므로 교회는 재정적인 여유가 넉넉하지 않아 새 성전 신축을 염두에 두지 않았다. 그러던 중에 지금 있는 교회 옆, 약 2천 400평 정도의 땅에 세일(Sale) 푯말이 붙었다.

그 땅은 사거리 코너이기 때문에 좋았다. 그 땅에 상가를 짓는다는 소문이 들려왔다. 그 땅까지 사서 선교센터를 짓는다면 너무 멋진 성전과 선교센터가 어우러질 것 같았다. 하지만 개척한 지 5년 만에 새 성전을 건축하면서 은행에 많은 빚이 있었기에 그 땅을 구입할 엄두를 내지 못했다. 그러나 많은 시간이 지났는데도 상가 건물은 세워지지 않았다. 세일 간판만 여전히 있었다.

하나님은 내 맘 속에 그 땅에 대한 비전을 품게 하셨다. 그래서 그 땅을 교회 땅으로 만들어야 되겠다는 생각을 갖게 되었다. 그 땅을 놓고 기도하였다.

그 때 하나님께서 내게 말씀을 주셨다. 그 말씀은 시편24편 1절이다. 하나님으로부터 이 말씀을 받자 확신이 왔다. 말씀 속에 해답이 보였다. 땅과 거기 충만한 것과 모든 것이 여호와의 것이라 하셨으니 이 땅이 누구의 것인지는 모르지만 분명한 것은 하나님의 것이라는 사실이었다.

'땅과 거기에 충만한 것과 세계와 그 가운데에 사는 자들은 다 여호와의 것이로다' 시편 24편 1절

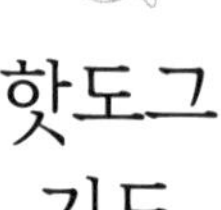

# 핫도그 기도

시편 24편 1절의 하나님 말씀을 크게 적어 책상에 놓고 아내와 함께 은밀하게 기도하기 시작했다.

“말씀에 여호와의 것이라 하셨으니 옆 땅의 주인이 하나님이시라면 지금의 땅주인은 관리자에 불과하군요. 그렇다면 땅의 주인이 되시는 하나님이 우리 교회로 그 땅의 관리권을 넘겨주세요.”

1년을 기도하는 중에 마음에 하나님의 음성이 들렸다.

‘언제까지 기도만 하고 있을 것이냐?’

나는 그 땅을 위해서 기도했으니 행동으로 옮겨야겠다고 생각했다. 우리 교회에 부동산 중개업을 하는 집사님에게 그 땅 등기 소유자의 정보를 확인해 달라고 하였다. 교회의 형편상 돈을 주고 그 땅을 살 수 없었으므로 내가 직접 땅 등기 소유자를 만나 기부해달라고 하고 싶었기 때문이다.

"시편 24편 1절에 땅도 하나님의 것이라 하셨습니다. 땅의 주인이 하나님이라 하셨으므로 그 땅의 주인은 관리자에 불과합니다. 하나님이 주시려고 하면 그 분의 마음을 움직여 저희 교회로 넘겨주시리라 믿습니다."

땅 등기 소유자인 미국 사람을 만나러 가기 전에 기도하면서 A4 용지에 다음과 같이 기록했다.

'그레이스 임마누엘 교회 피터 홍 목사입니다. 그 땅에 이 지역을 위한 선교 센터를 짓고 싶으니 기부해 주실 것을 부탁합니다. 그렇게 교회에 기부해 주시면 선교센터 정문에 당신 가족과 가문을 위해 당신 가족 이름을 동판에 새겨 달고, 나와 우리 교회 성도들은 당신의 가족과 가문을 위해서 평생토록 기도해드리겠습니다.'

이 글귀를 한글로 작성한 후 그 밑에 영문으로 번역하였다.

소유자를 만나기로 약속한 전날 밤, 나와 아내는 한글과 영문으로 작성한 A4용지 2장을 들고 성전에 가서 철야하며 기도했다. 그 때 심정은 히스기야와 같았다. 앗수르왕 산헤립이 유다를 침공하여 항복 문서를 전하면서 항복하라고 종용할 때 히스기야가 하나님 성전에 올라가 항복 문서를 펴놓고 기도했던 모습이 생각났다. 내가 지금 성전에서 하나님 앞에 놓고 내일 얼굴도 모르는 미국 사람을 찾아가서 땅을 기부해 달라고 해야 하는데 그 사람의 첫 인상이 선한 인상일까 아닐까 궁금해졌다. 첫 인상이 좋으면 기부해줄 수 있겠지만 첫 인상부터가 고약하면 기부해 주지 않을 것 같은 생각이 들었다. 성전 바닥에 놓여있는 종이 2장을 그 땅 소유자한테 주어야 할 텐데 그는 어떤 반응을 보일까? 내일 일어나게 될 땅 주인과의 만남을 여러 가지로 생각해 보았다. 그렇게 성전에서 기도하면서 밤을 보냈다. 분명히 하나님이 주실 것이라 믿었다.

"하나님이 그 땅의 주인이시니 그 땅의 관리권을 저희 교회에 넘겨 주세요. 그래서 그 땅에 선교 센터를 짓게 해주십시오."

다음날 약속된 시간에 그 분의 사무실에 찾아 갔다. 그 분의 이름은 Belton 도시에 살고 있는 W. S. Young 가문의 Rolt James 였다. 약속된 시간에 Rolt James를 만나러 가면서 참 많은 생각이 교차하였다. 어떤 사람일까? 인상과 마음이 좋은 사람일까? 아니면 구두쇠와 같은 지독한 사람일까? 처음 대면했던 Rolt James의 인상은 선한 인상도 악한 인상도 아닌 그리 호락호락하지 않은 스포츠 머리를 한 강한 인상의 사람으로 보였다. Rolt James는 사무실로 우리를 안내했다. 나는 앉아서 잠시 묵상기도를 드린 다음 우리를 소개 했다. 그리고 나는 당신이 팔려고 내놓은 땅의 옆에 위치해 있는 그레이스 임마누엘 교회의 담임목사라고 소개했다. 짧은 영어지만 간단한 대화는 할 수 있었으므로 인사와 소개를 한 다음에 우리 교회에 그 땅이 필요하다고 했다. 그러나 성전을 건축한 이후이기 때문에 돈이 없어서 돈을 주고 땅을 살 수 없으니 기부해주시면 감사하겠으며 평생 동안 기도해 주겠다고 말하며 성전에다 놓고 기도했던 두 장의 종이를 주었다.

Rolt James가 그것을 읽는 순간, 나의 가슴은 뛰었다. 과연 Rolt James가 나의 요구조건을 들어줄 것인가? 아니면 거절할 것인가? 그 짧은 순간이 1년과 같았다. 그러자 그 종이에 쓰인 내용을 읽어가던 Rolt James의 얼굴 표정이 갑작스레 굳어지면서 그냥 일어서서 이렇다 저렇다 하는 말 한마디 없이 나가버렸다. 나는 주인도 없는 사무실에 앉아만 있었다. 그러자 아내가 걱정스럽고 불안한 마음에 "주인도 없는 사무실에 우리만 어떻게 앉아 있을 수 있느냐?"라고 하길래 나는 "아니야. 지금 나가면 안 돼"라고 했다. 왜냐하면 내 마음 속에 이런 생각이 들었기 때문이다. "만약 이 순간 이 자리를 나간다면 모든 계획은 수포로 돌아갈 것이다" 마치 영적 싸움과도 같이 느껴졌기 때문이다. 이대로 물러설 수 없다고 생각하였다.

얼마 후 나갔던 Rolt James가 다시 들어왔다. Rolt James

는 한 마디로 대답하길 "NO" 라고 하였고, "필요하면 돈을 주고 사시오"라고 말했다. 바늘 끝으로 쑤셔도 들어가지 않을 것 같은 강하고 단호한 대답이었다. 순간 나는 어떻게 할지를 몰랐다. 그러나 나는 그때 이렇게 물었다. "당신은 크리스찬입니까?"라고 묻자 Rolt James는 "YES"라고 대답하였고, 이어 어느 교단이냐고 묻자 그리스도교라고 대답하였다. 나는 어떻게 하든 Rolt James와 대화의 문을 조금이라도 열려고 땅과는 전혀 상관이 없는 가족 사항을 물었다. 그랬더니 Rolt James가 대답해 주었다. 그리고 몇 마디의 대화가 오고가자 조금 전의 무서웠던 얼굴 모습이 조금은 가라앉고 어느 정도 평안해 보였다. 그는 이렇게 말했다. 자신이 출석하여 섬기는 교회에 땅을 많이 바쳤으므로 우리 교회에는 더 이상 기부할 수 없다는 것이었다. 그래서 나는 Rolt James를 향하여 "Let's pray (같이 기도합시다)."라고 말했다. 그러자 Rolt James가 머리를 숙였다. 어떻게 기도할지 망설였다. Rolt James는 한국말을 못 알아들으므로 영어로 기도해야 하는데 Rolt James를 감동시킬 정도의 영어 기도는 어려웠기 때문이다. 하지만 막상 내가 기도하자고 했으나 영어로는 표현을 다 못하겠기에 한국말로 힘차게 기도했다. 그리고 "예수님의 이름으로 기도합니다 아멘"의 끝 부분은 영어로 "in Jesus name, Amen"이라고 했다. 기도의 앞과 뒤만 영어로 했다. 그렇게 했던 이유는 그 사람으로 하여금 분명히 내가 기도를 했다 라는 것을 알게 해야할 것이라고 생각했기 때문이다. 비록 내가 한국말로 드린 기도의 내용을 알아듣지 못하겠지만 하나님이 알게 하실 것이라고 믿었다. 그렇게 기도한 후 Rolt James가 많이 부드러워졌음을 느낄 수 있었다.

만남 후 돌아와 생각해보니 1년 동안 최선을 다해 믿고 기도로 준비한 모든 것이 아무런 소득이 없이 끝난 것처럼 생각되기 시작했다. 그러나 '이대로 물러설 수 없다. 다시 시도해 보자'라는 마음이 들어 Rolt James에게 연락을 해 보니 "돈을 주고 사야 만나겠다"라는 대답이었다. 그러나 어떤 방법으로든지 Rolt James를 만나야 어떤 결론에 도달할 것 같아 돈을 주고 사겠다고 일단 말했다. 그렇게 사무실을 찾아가서 두 번째 만났다. 자리에 앉아서 첫 번째 만남처럼 잠시 앉아서 묵상기도를 드렸다. 그러자 Rolt James가 "살 수 있는 돈은 갖고 있느냐?"라고 묻자 돈이 없으니 기부해 달라고 했다. 그러자 Rolt James는 단호하게 안 된다고 했다. 하지만 첫 번째 만남과는 달리 매우 부드럽게 몇 마디하며 조금은 깎아 주겠다고 하였다. 그 때 생각하기를 땅은 한 번 놓치면 잡을 수 없는 것인데 하며 내 마음에 갈등이 생겼다. Rolt James가 말하는 금액으로는 교회에서 살 수 없어 정 기부가 안 된다면 조금의 돈을 내겠다고 하였다. 그러나 Rolt James는 "조금은 깎아줄 수 있어도 그처럼 작은 액수에는 결코 팔 수 없다"고 말했다.

사무실을 나오기 전 또 기도하자고 했다. 첫 번째 만났을 때처럼 처음과 끝은 영어로, 내용은 한국말로 기도했다.나는 그 기도가 마치 '핫도그'와 같다고 생각했다. 빵이 소시지를 감싸고 있듯이 내 기

2006년 4월 7일 Rolt James와 땅 계약을 하는 감격의 순간.

도는 영어로 시작하여 내용은 한국말로 기도하고 마지막에는 영어로 끝나는 기도를 드렸으니 마치 핫도그와 같았다

"저 땅은 반드시 교회 것으로 만들어야 할 하나님의 땅이라고 하셨는데 어떻게 해야하나."

하나님의 말씀을 가지고 쳐들어가기로 결심했다. 그래서 성경에 있는 돈에 관한 성구를 뽑았다. 마태복음 6장 19~21절, 디모데전서 6장 17~19절, 잠언 11장 28절, 22장 1절, 23장 4~5절, 27장 24절의 성구들을 A4 용지 한장에 한글로 쓰고 뒷면은 영어로 썼다.

'너희를 위하여 보물을 땅에 쌓아 두지 말라 거기는 좀과 동록이 해하며 도둑이 구멍을 뚫고 도둑질하느니라 오직 너희를 위하여 보물을 하늘에 쌓아 두라 거

기는 좀이나 동록이 해하지 못하며 도둑이 구멍을 뚫지도 못하고 도둑질도 못하느니라 네 보물 있는 그 곳에는 네 마음도 있느니라' 마태복음 6:19-21

'네가 이 세대에서 부한 자들을 명하여 마음을 높이지 말고 정함이 없는 재물에 소망을 두지 말고 오직 우리에게 모든 것을 후히 주사 누리게 하시는 하나님께 두며 선을 행하고 선한 사업을 많이 하고 나누어 주기를 좋아하며 너그러운 자가 되게 하라 이것이 장래에 자기를 위하여 좋은 터를 쌓아 참된 생명을 취하는 것이니라' 디모데전서 6:17~19

'자기의 재물을 의지하는 자는 패망하려니와 의인은 푸른 잎사귀 같아서 번성하리라' 잠언 11:28

'많은 재물보다 명예를 택할 것이요 은이나 금보다 은총을 더욱 택할 것이니라' 잠언 22:1

'부자 되기에 애쓰지 말고 네 사사로운 지혜를 버릴지어다 네가 어찌 허무한 것에 주목하겠느냐 정녕히 재물은 스스로 날개를 내어 하늘을 나는 독수리처럼 날아가리라' 잠언 23:4-5

'대저 재물은 영원히 있지 못하나니 면류관이 어찌 대대에 있으랴' 잠언 27:24

위의 성구들은 어떻게 보면 협박하는 내용처럼 보였다. 한 분이 내가 뽑은 성구를 보더니 협박처럼 보인다고 말하기도 하였다. 이 말씀은 땅을 안 바치면 망할 수도 있다는 의미로도 들렸기 때문이다.

그리고 3차 연락을 해서 다시 만났다. 똑같이 묵상기도를 한 다음에 더 이상 Rolt James와 인간적인 대화를 해서는 안 된다는 강한 마음이 들었다. 그래서 기록된 성경구절을 전해주었다. Rolt James가 읽자마자 처음 만났을 때처럼 '핫도그 기도'를 드렸다. 그리고 내가 할 수 있는 금액을 말했다. 내 속에 평안함이 찾아왔다. 모든 것은 땅의 주인이신 하나님께 달려있다. 여기서 Rolt James가 결정하는 것도 안하는 것도 모두 하나님의 뜻이라 믿었다.

그리고 몇 달이 지난 후 Rolt James에게서 연락이 왔다. 내가 원하는 대로 주겠다는 말이었다. 하나님이 그 땅을 주시는 감격의 순간이었다. 하나님이 하시는 일은 영어를 잘하고 못하고에 있지 않았다. 하나님께서 도와주시면 영어가 조금 부족해도 모든 일을 할 수 있었다.

그 땅을 교회의 이름으로 등기하기 위해 등기소에서 만났다. Rolt James가 말했다.

"이 땅은 남북전쟁 때 조상들이 이쪽으로 와서 받은 땅입니다. 그리고 처음으로 이 땅을 교회에 넘깁니다."

그래서 나는 미국 남북전쟁 때부터 우리 교회를 위해서 땅을 예비하신 하나님의 크고 놀라우신 사랑과 섭리에 한없는 감사를 드렸다. 이 땅에 새로운 건물을 어떻게 세울 것인가? 예수님의 수많은 기사와 이적은 주로 갈릴리에서 일어났다. 미래에 세울 건물도 주님이 갈릴리에서 행하신 기적으로만이 가능하다고 생각되어 '갈릴리 비전 프로젝트'라고 이름을 붙였다.

# 각양 각색의 찬양단

우리 G3교회는 호산나 성가대와 글로리, 조이, 샤론, 샬롬, 아름 찬양단 등 5개의 찬양단이 있고, 특히 아름 찬양단에는 국악팀이 있다. 그리고 워십댄스팀으로는 성인으로 구성된 글로리아 팀과 어린이로 구성된 예찬팀 등 2개가 있다. 찬양과 기도 그리고 말씀으로 이어지는 형식이 없는 예배를 드리기 위해 예배당을 건축하였으므로 예배마다 각각 다른 찬양단을 세워서 하나님께 성령 충만한 찬양을 올려드리게 했다. 주일 아침 2부 예배는 '글로리 찬양단'이 찬양을 하며, 3부 예배는 '조이 찬양단'이 찬양을 담당하고, 수요예배는 '샤론 찬양단'이, 금요저녁예배는 '샬롬 찬양단'이 찬양을 인도하고 있다. 그리고 로마서 10장 15절의 말씀 "아름답도다 좋은 소식을 전하는 자들이여" 를 따라 아름답다는 준말을 따서 아름이란 이름으로 나의 부흥회 인도나 선교지 방문을 위한 '아름 찬양단'이 조직이 되었다. 특히 아름찬양단에는 국악팀이 함께 있어 일반 찬양과 더불어 국악으로도 하나님께 찬양을 올린다. 국악팀에는 사물놀이, 부채춤 등이 있어서 1년 동안 교회 내 중요한 행사 때마다 발표를 하곤 한다. 그리고 6~7명의 팀원으로 구성된 '글로리아 워십' 팀은 아름다운 워십댄스로 교회의 중요한 행사와 절기 때마다 발표하여 하나님께 영광을 돌린다. 그리고 주일예배를 돕는 호산나 성가대와는 중복을 피하도록 성가대원과 각 찬양단원은 두가지를 봉사할 수 없도록 했다. 나는 시편 22편 3절과 150편 1~6절의 말씀을 근거로 더욱 찬양에 힘쓰는 목회를 하였다.

찬양팀 예배 전 준비기도

교회에 국악을 전공한 집사님이 어린아이들로 구성된 '예찬(예수님을 찬양)'에 워십을 지도하여 교회 행사 때 발표하곤 한다. 그래서 우리 교회의 시간 시간마다 찬양과 기도의 함성소리는 늘 충만하다. 이민 교회는 교회마다 일꾼이 부족한 형편이다. 그럼에도 불구하고 찬양팀, 악기팀, 음향시스템 등을 하나님이 넘치도록 보내주셔서 찬양할 수 있게 되었다. 이러한 찬양과 더불어 설교는 동영상으로 만들어 예배 후 즉시 웹사이트 (www.g3church.org)에 올려 매 주일마다 전 세계로 내보내고 있으며 설교는 CD로 제작해 킬린 도시와 타 주에까지 뿌리고 있다.

아름국악부채 아름사물놀이 부활절찬양단

'이스라엘의 찬송 중에 계시는 주여 주는 거룩하시니이다' 시편 22장 3절

'할렐루야 그의 성소에서 하나님을 찬양하며 그의 권능의 궁창에서 그를 찬양할지어다 그의 능하신 행동을 찬양하며 그의 지극히 위대하심을 따라 찬양할지어다 나팔 소리로 찬양하며 비파와 수금으로 찬양할지어다 소고 치며 춤 추어 찬양하며 현악과 통소로 찬양할지어다 큰 소리 나는 제금으로 찬양하며 높은 소리 나는 제금으로 찬양할지어다 호흡이 있는 자마다 여호와를 찬양할지어다 할렐루야' 시편 150편 1~6절

## G3
## 월드 미션

첫 주일 헌금은 모두 다른 어려운 곳에 지원하면서 시작된 교회는 개척 후 1년 후부터 한 교회씩 선교하기로 결정하고 기도와 선교비를 보내었다. 그리고 계속해서 선교지에 어려운 교회들을 늘려갔다. 교회를 건축하던 해에는 형편상 선교비를 보낼 수 없었지만 선교비를 줄이거나 중단하지 않았다. 우리 교회가 어려워도 더 어려운 교회에 보내면 하나님께서 우리 교회를 축복하실 것이라는 확고한 믿음이 있었으며 교회가 세워진 목적이 선교라는 사실이 내 마음에 자리잡고 있었기 때문이었다. 그래서 우리 교회 형편에 버거울 정도로 선교비를 내보내었다. 선교의 대상은 어려운 미자립 교회들과 선교사들이었다. 그리고 교회를 건축하는데 필요한 건축비를 보내었다. 브라질 원주민 선교사의 차량을 구입하는 일에 지원하기도

# 월드 미션 - 브라질

NÚCLEO CULTURAL INDÍGENA
UMURI MAHSÃ
WIRÃKURU
OPINKÕN WI'I
TÕ,Õ, PA WI'I
DESSANA-TUKANA
TUYUCA-TATUJA - WANANA ETC.

PR.KI CHOON HONG

PRELETOR PR.KI CHOON HONG
ACAMPAMENTO HOLINESS 2007

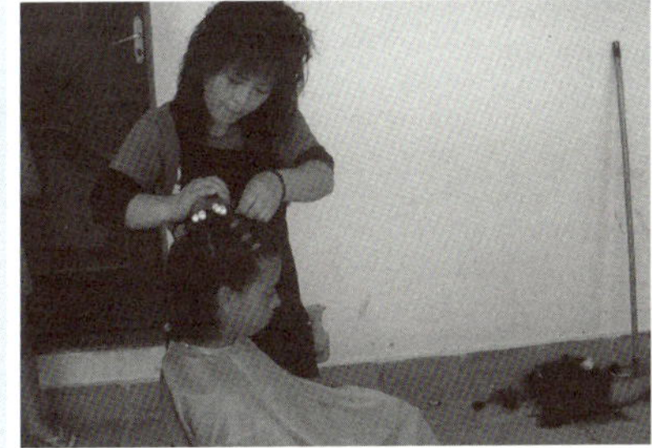

했다. 때론 우리 교회도 할 일이 많아 힘든데 미자립교회와 선교지에 굳이 보내야만 하는가? 라는 생각도 들었다.

그래서 본격적으로 선교를 하기 위해서 새로운 선교회를 만들어야겠다는 생각이 들어 'G3 월드 미션'이라는 G3교회 내에 독립된 선교회를 조직하게 되었다. 그리고 교회 재정과 선교 재정을 분리하였다. 미주와 해외를 아우르는 선교지에 기도와 물질, 그리고 몸으로 선교할 수 있는 부서를 교회 내에 독립부서로 만든 것이다. G3 월드 미션 선교회는 교회 재정과 합하지 않고, 교회의 지도하에 독립된 은행계좌를 두고 선교회의 임원들과 선교를 자원하는 성도들이 드리는 선교헌금에 의해서 운영된다. 매년 선교헌금을 국내외의 선교지에 보냈다. 미국 달라스에 선교의 거점이 될 수 있는 교회의 성전건물과 선교센터가 될 건물 구입을 위하여 매월 적금을 붓고 있다.

하나님께서는 지금까지 선교하는 일에 물질의 부족함이 없도록 채워주시고 있다. 교회의 모든 초점을 선교하는 일에 맞출 때 하나님께서는 선교하는 우리 교회를 기쁘게 보시고 측량할 수 없는 더 많은 축복으로 채워주셨다. 마태복음 28장 19절에서 말씀하신 예수님의 지상명령에 따라 선교하며 앞으로도 계속 이어가리라 다짐한다. 주고 베풀며 선교하는 교회나 성도는 망하지 않고 더 풍성히 받는다는 하나님의 말씀이 가슴에 와 닿는다.

'흩어 구제하여도 더욱 부하게 되는 일이 있나니 과도히 아껴도 가난하게 될 뿐이니라 구제를 좋아하는 자는 풍족하여질 것이요 남을 윤택하게 하는 자는 자

## 월드 미션 – 볼리비아

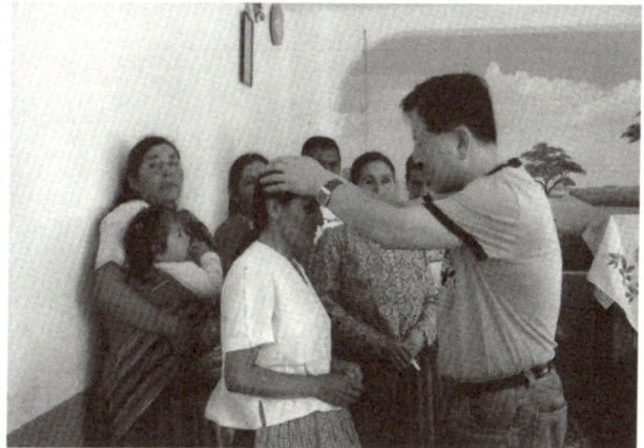

기도 윤택하여지리라' 잠언 11:24-25

'주라 그리하면 너희에게 줄 것이니 곧 후히 되어 누르고 흔들어 넘치도록 하여 너희에게 안겨 주리라 너희가 헤아리는 그 헤아림으로 너희도 헤아림을 도로 받을 것이니라' 누가복음 6:38

범사에 여러분에게 모본을 보여준 바와 같이 수고하여 약한 사람들을 돕고 또 주 예수께서 친히 말씀하신 바 주는 것이 받는 것보다 복이 있다 하심을 기억하여야 할지니라' 사도행전 20:35

# 풍성한
# 오렌지의 환상

이민 오기 전, 기도로 준비하면서 하나님은 분명한 환상을 아내에게 보여 주셨다. 풍성하게 잘 익은 수많은 오렌지들이 하늘에서부터 우리에게 한없이 쏟아지는 환상이었다.

하나님께서 보여주신 환상은 정확했다. 하나님께서는 킬린 커뮤니티 센터에서 시작한 이민 목회를 축복하셔서 텍사스성결교회로 이전시켜주시는 부흥의 열매를 맺게 하셨다. 또 그레이스임마누엘 교회의 이름으로 1만5천 스퀘어피트의 성전을 4천 200평의 땅에 신축하게 하시는 축복의 열매를 쏟아 부어 주셨다. 또한 신축교회 옆에 있는 땅 2천 400평을 구입하게 하셨다. 더 나아가 신개발지역의 땅 약 7천 600평을 사게 하셔서 미래에 건축할 프로젝트인

'갈릴리비전프로젝트'를 진행하게 하셨다. 장차 다시 건축할 예정인 갈릴리비전프로젝트의 건물은 지역의 센터가 될 성전과 체육시설, 그리고 교육관과 선교센터다. 뿐만 아니라 G3교회는 많은 교회를 선교비로 지원하고 있으며 그중 한 곳은 교회 건축의 모든 비용을 봉헌했으며, 한 교회의 건물이 세워질 때는 일부를 부담하는 열매를 맺게 하셨다.

또 한국을 포함한 세계 51개국을 다니며 1백 수십 차례의 부흥회를 인도하고 선교하며 한 영혼을 깨우치고 살리는 세계선교의 열매를 맺었다. 교파를 초월하여 세계교회와 유럽의 COSTA 집회를 인도하였다. 특히 남미는 여건상 미국에서 가깝고 선교하기에 여러 유리한 조건들을 갖추고 있기에 남미 선교를 위하여 관심을 갖고 최선을 다하고 있다. 미주성결교회 총회장이 되어 교단을 위해 일하기도 했다. 또한 미국 교육기관이 공인한 미주성결대학교(총장 유종길 박사)로부터 명예신학박사(Doctor of Divinity)학위를 받는 영광스런 열매도 주셨다.

하나님이 주신 이 모든 열매들은 이민 목회를 시작하기 전부터 하나님께서 미리 아내에게 보여주신 비전의 환상이었다. 이처럼 하나님은 정확하고 세밀하게 자상하신 사랑으로 아내와 나의 목회의 길을 인도해 주셨다. 하나님의 그 크신 사랑과 은혜를 생각하면 눈물이 난다. 감사하고 또 감사할 뿐이다.

'내가 가는 길을 그가 아시나니 그가 나를 단련하신 후에는 내가 순금 같이 되어 나오리라' 욥기 23장 10절

'내가 주께 대하여 귀로 듣기만 하였사오나 이제는 눈으로 주를 뵈옵나이다' 욥기 42장 5절

## G3 월드 미션의 전략적 선교…
## 지방회 탄생

미국 중남부로 지칭되는 텍사스, 뉴멕시코, 알라바마, 오클라호마 주에는 성결교회가 한 곳도 없었다. 하지만 지금으로부터 16년 전 G3교회가 처음으로 중남부 지역에 개척되면서 성결교회의 깃발을 꽂게 되었다.

그 후로 유능하고 훌륭한 후배 목사님들이 텍사스 주 달라스에 7 교회 (달라스 은혜교회, 풍성한 교회, 새 언약교회, 예목교회, 한 교회, 새로운 교회, 달라스 새빛교회), 뉴멕시코에 1 교회 (알버쿠키 뉴멕시코한인교회), 알라바마에 1 교회 (헌츠빌 예수님 마을교회)를 세우게 되었다. 텍사스 킬린 G3교회를 중심으로 하나가 되어 교회들을 개척하고 세우면서 미주 성결교회 역사상 처음으로 미국 중남부 지역에 지방회가 탄생되었다.

중남부 지방회 7개교회에서 기도하면서 뜨거운 사명으로 열정적인 목회를 하는 중남부 지방회의 후배 목사님들을 나는 존경하고 사랑하며 감사하게 생각한다. 목사님들은 미주 성결교회 중남부지방회를 탄생시키는 산파적인 역할을 해주셨다. 미주성결교 중남부 지방회가 세워진 것은 전적으로 후배 목사님들의 힘이었다. 내가 잘 챙겨주지 못했음에도 불구하고 부족한 나를 사랑하고, 또 따라와 주며, 비전을 공유한 우리 지방회 목사님들에게 감사함을 전할 뿐이다.

미국 중남부 지방회 목사님들과 함께.

# 제6막

# 되돌아 보며, 날마다 순간순간마다

'예수께서 이르시되 나를 붙들지 말라 내가 아직 아버지께로 올라가지 아니하였노라
너는 내 형제들에게 가서 이르되 내가 내 아버지 곧 너희 아버지,
내 하나님 곧 너희 하나님께로 올라간다 하라'
요한복음 20장 17절

# 기도하며 꿈꾸던 신학교로

하나님의 은혜로 기도하며 꿈꾸어 왔던 신학교에 입학하게 되었다. 입학 통지서를 받은 후 마치 하늘을 나는 새와 같은 기분에 무슨 일이든지 할수 있을 것 같았다. 그리고 나 같은 사람이 신학교에 갈 수 있도록 길을 열어주신 주님께 한없이 감사드렸다.

형님이신 홍기영 안수집사님과 나를 키워주신 작은 고모님, 그리고 장로교회의 장로님이신 전병도 장로님 가족께 감사했다. 특히 부족한 나를 영적으로 양육해주시고 신학교 추천장을 친히 쓰셔서 신학의 길을 갈 수 있도록 힘써 주셨던 중동교회 김용은 목사님께 감사를 드렸다. 나를 위해서 끊임없이 기도해주셨던 장자도 교회 신화순 권사님을 비롯한 성도들의 사랑도 잊을 수가 없다.

주님의 은혜로 1976년에 서울신학대학교를 졸업할 때까지 2번의 휴학을 거쳐야 했다. 한국인이라면 누구나 의무적으로 가야 하는 군대로 인하여 3년의 휴학, 경제적인 어려움으로 또 한 번의 휴학을 해야만 했다. 이러한 긴 공백 기간이 있었지만 좌절하거나 포기할 수 없었다. 특히, 경제적으로 어려운 여건 속에서 공부해보지 않은 사람은 그 아픔과 고통을 모를 것이다. 학비를 마련하기 위해 신문배달도 해보았다. 방학기간 동안에는 지하다방을 찾아다니며 커피 마시고 있는 손님들에게 물건을 판매하기도 했다. 물건 하나를 팔기 위해 커피를 마시고 있는 손님을 설득하며 판매하는 일이 결코 쉽지는 않았다. 작은 수익이었지만, 물건 하나를 팔았을 때 느끼는 기쁨은 이루 말할 수 없었다.

개인 지도를 하기 위해 신문 광고를 내보기도 했고, 아이들을 소개받아 가르치기도 했다. 이런 모든 일들이 나에게 경제적인 여유를 충분히 주지 못했다. 부모 도움 없이 혼자서 일하며 고학으로 공부한다는 것이 참으로 힘들었다. 공부하던 첫 해엔 형님이 일부 도와주기도 했으나 형님도 부모님의 도움 없이 혼자서 일어서야 했기 때문에 나 혼자 모든 일을 감당해야 했다. 책 한 권을 사보기 위해 점심을 굶는 것은 당연한 일이었다. 결국 신학공부를 하던 시절, 수시로 끼니를 굶으며 어렵게 살아온 환경이 나의 건강에 악영향을 끼쳤다. 서울신학대학을 졸업하여 전도사로 승인받아 목회지로 첫 출발하기까지는 길고도 먼 험난한 날들이었다.

미주 총회장이 되어 OMS 본부에 선교협력 체결을 위해 갔을 때,
신학교 시절 만난 Jerry Sandoz 선교사 부부를 만났다.

신학교 때에는 Jerry Sandoz 선교사를 사귀며 영어를 잘해보려고 힘썼다. 그도 총각 선교사로 한국에 들어와 조그마한 RV버스를 개조한 집에서 혼자 살고 있었다. 나는 저녁마다 그 집에서 만나 교제를 했다. 영어를 배우기 위한 것이었다. 나이나 형편이 비슷했기에 금방 친해질 수 있었다. 내가 미주 총회장이 되어 OMS 본부에 선교협력 체결을 위해 갔을 때 그곳에서 그를 만났다. 수십년 만에 만났을 때 얼마나 반가웠는지…. 그도 아내와 자녀가 있었다. 나는 Jessy Sandoz 부부와 OMS 실무진을 식당으로 초대하여 대접하면서 오랜 정을 나눌 수 있었다.

서울에서 목회를 할 때에는 영어 회화학원에 등록하여 배우기도

했다. 어릴 적 미국 선교사님이 한번은 섬에 다녀가실 때가 있었는데 미국 선교사님의 영어를 통역하시던 한국분이 내 눈에는 너무 멋있게 보였다. 서울에서 목회할 때, 샌프란시스코 신학대학교의 목사들을 위한 박사과정의 일부를 수강했던 때가 있었다. 내가 유능하지는 않지만 아무도 할 수가 없어서 기초적인 생활영어 정도는 목사들을 대신하여 통역할 수 있었다. 미국 목회와 세계 선교를 향한 계획을 가지고 하나님은 미리부터 나를 준비시키셨다. 내가 세계 어느 나라를 가도 두려움 없이 다닐 수 있는 것은 세계 공통어인 영어를 조금이라도 할 수 있었기 때문이다.

# 야곱이 돌베개 하고 누운 것처럼

어릴 적에 예수님을 소금창고 교회에서 만난 후, 밤마다 드렸던 기도의 목표는 어려운 환경에서 벗어나 목사님이 되고 싶다는 것이었다. 기도하면 분명히 하나님이 목사님으로 만들어 주실 것이라는 확신이 생겼고 평안이 임했다. 그런데 막상 신학교에서의 생활은 기도하면서 받았던 확신이나 평안과는 전혀 다른 열악한 생활의 연속이었다.

신학교 공부 중에 군대에 징집되어 3년 넘게 복무하고 제대하여 돌아왔을 때에는 나를 반겨줄 가족이 없었다. 이런 현실은 나에게 너무도 막막하고 절망적이어서 어디서부터 무엇을 시작해야 할지 몰랐다. 당시 다른 사람들의 부모님은 군대에서 고생하고 돌아온 자식들의 건강을 위해서 여러 가지 보양식을 차려 주어 건강을 챙겨

주었지만 나는 보양식은 그만두고 쉴 만한 따스한 집조차 없었다. 나는 군대에서 제대한 이후에 제대비로 받은 아주 적은 돈으로 끼니를 때웠다. 그리고 전라북도 부안군에 사시는 작은 아버님 댁으로 발걸음을 옮겼다.

두 주 동안 머물며 매일 아침에 작은 어머님이 차려 주시는 밥을 먹고 높은 산으로 올라갔다. 산꼭대기에 올라가 바라본 읍내의 풍경 속엔 버스가 지나가고 많은 사람들이 바삐 움직였다. 버스와 사람들을 바라보면서 많은 생각을 했다. 저 버스들은 어디서 와서 어디로 가는 것이며 저 많은 사람들은 어디서 와서 어디로 가는 것일까? 버스든 사람들이든 매일 어딘가를 향하여 갈 곳이 있는데 이제 나는 어디로 가야 한단 말인가. 아무리 생각해봐도 해답이 없었다. 주님께서 허락하신 꿈을 이루기 위해 무엇을 어떻게 해야 하며 또한 경제적인 문제는 어떻게 해결해야 한단 말인가…. 아무런 해답 없이 해가 질 무렵이 되어서야 산에서 내려오곤 했다.

약간의 제대비로 무작정 서울행 야간열차에 몸을 실었다. 겨울 부슬비가 기차의 창문을 적시고 있었다. 그 창밖을 바라보면서 이제 내가 해야 할 일이 무엇인가? 어디로 가야 하는가? 정착은 어디서부터 어떻게 시작해야 하는가? 신학교 복학은 어떻게 해야 할 것인가? 수많은 생각에 잠겼다. 기차 창밖에 내리는 부슬비와 같이 내 맘도 이루 말할 수 없이 착잡하였다.

가방 하나를 들고 서울로 향하는 서울행 완행열차는 마치 창세기 28장 야곱의 모습을 떠올리게 했다. 야곱이 형 에서를 피하여 하란

땅으로 도망을 갈 때 그에겐 아무도 없었다. 부모, 형제를 떠나 한 번도 가본 적 없는 미지의 곳으로 향하는 야곱의 손에도, 나와 같이 보따리 하나가 들려 있지 않았을까? 그는 아무도 없는 하늘을 지붕 삼고 돌을 베개 삼아 잠을 청했다. 그런 야곱에게 하나님은 찾아오셔서 야곱과 함께 하시겠다 하셨다. 나에게도 하나님이 함께 하신다는 믿음과 확신이 있었다. 아무도 반겨줄 사람 없는 서울로 향하는 완행 열차에 몸을 맡긴 나는 속으로 기차가 더 느리게 갔으면 했다. 서울에 도착하면 나를 반갑게 맞아 줄 사람이 없었기 때문이다. 하지만 서울에 도착하면 전화를 할 수 있는 한 사람이 있다는 것에 위안을 받았다. 그 사람은 당시에 이상직 전도사였다.

그는 군대에 입대하기 전에 교회에서 봉사하며 만난 친구였다. 그는 그 교회 여전도사님의 아들이었다. 서울대학교에서 수학하고 서울신학대학원에서 신학을 공부했다. 그리고 그는 미국 시카코 대학교에서 Ph.D. 학위를 취득했다. 그는 영적으로 뜨거움이 있었으며 마음이 깨끗했다. 그래서 서로 마음이 통했고 영적인 대화를 나눌 수 있었다. 더욱 가까워지고 마음이 통할 수 있었던 것은 어느 해 여름방학 때 이 친구와 함께 충청남도 어느 산골에 있는 어려운 교회에 가서 여름성경학교를 인도해 준 것이 계기가 되었다.

둘이서 땀 흘리며 최선을 다하여 봉사하면서 우리는 더욱 가까워졌다. 시골교회에서 여름성경학교를 인도하는 동안 묵었던 숙소는 그 교회 성도님의 사랑방이었다. 너무 시골이었기 때문에 밤중에 여름성경학교를 인도하고 멀리 떨어진 숙소로 돌아올 때는 깜깜하여 힘들었다. 그러나 더욱 힘들고 어려웠던 것은 개울을 하나 건너야 하는 것이었다. 그 개울은 무릎 위를 조금 넘는 깊이였다. 밤중에 여름성경학교를 마치고 개울을 건너 숙소로 가려면 바지를 벗고 건너야했다. 시골의 모기떼들이 벗은 다리에 달려들어 만찬을 즐기기도 했다. 우리가 묵었던 농촌 교회의 사랑채에는 전기도 없었다. 우리는 잠을 자려고 누워도 바로 자지 않고 많은 대화를 나눴다. 나는 그 친구의 얘기를 듣고 그 친구는 나의 얘기를 들었다. 그 친구는 아버지 없이 홀어머니 밑에서 자랐다. 그러나 그렇게 어렵지는 않은 환경이었다. 나는 섬에서 태어나 어렵게 자라온 환경과 나의 삶을 빠짐없이 얘기했다. 그래서 그는 나의 어려운 과거 사정을 너무나 잘 알게 되었다. 할 수만 있으면 나를 물심양면으로 도와주려고 힘써주었다. 내가 군대에 있었을 때에도 꾸준히 편지로 위로해주고 휴가 때면 반갑게 맞이해 주었다. 영적 교제를 나눌 수 있는 유일한 친구였다. 친구 이상직은 미국 시카고대학교에서 박사학위를 받고 돌아와 서울신학대학교 교수로 재직하다가 지금은 호서대학교 부총장으로 재임 중이다.

서울역에 내린 나는 친구 이상직에게 전화를 걸었다. 친구는 반가운 목소리로 반기며 자신의 집에서 함께 지내자고 했다. 한 달 동안 친구와 지내며 정말 많은 사랑을 받았다. 그러나 더 이상 친구 집에 머물면서 보내는 것이 너무도 부담스러웠다. 친구보다도 친구 어머님이 잘해주셨지만 어머님을 뵙는 것이 너무 죄송스러웠다. 그래서 다른 거처를 찾기로 했다. 그 때, 나는 종로에 있는 교회음악사에서 일하는 아르바이트 일을 하게 되었다. 아침 일찍 사무실 문을 열고 청소하는 일이 먼저였다. 교회 음악집이 발간된 후 각 교회마다 악보와 책을 배달해주는 일을 했다.

아르바이트로 번 돈으로 하숙집이나 자취를 하기엔 턱없이 모자랐다. 그래서 가장 싼 독서실을 숙소로 정하게 되었다. 그 이름이 지금도 생각난다. 마포구에 있던 덕산독서실. 그 독서실 1층은 목욕탕이었고 2층이 독서실이었다. 시멘트 바닥에 벽을 둘러가면서 붙인 책상으로 꾸며진 작은 공간이었다.

주로 그 독서실에서는 중년층 사람들이 자격증을 얻기 위해 공부하거나 취직 시험을 준비했다. 장년 6, 7명이 앉으면 꽉 차는 공간이었다. 공부하러 모인 독서실이었기에 새벽 1시 이후에나 누울 수가 있었다. 나는 싼 거처를 찾았기에 하루 종일 일하고 돌아와서 1시까지 쭈그리고 앉아있는 것이 힘들었다. 책상 위에 성경책을 펴놓고 머리를 대고 시간이 지나가기를 기다렸다. 한 겨울 시멘트 바닥은 매우 추웠다. 친구가 닭털 침낭을 빌려준 덕에 그나마 그 겨울의 추위를 조금이나마 피할수 있었다. 매일 밤 그 닭털 침낭 속에 몸을 넣고 지퍼를 코 밑까지 올리면서 '내 인생 고난의 여정이 언제나 끝날 것인가' 나도 모르게 눈물을 흘리곤 했다. 그러다가 너무 피곤해 깊은 잠에 빠져 버리곤 했다. 한 겨울에 보일러도 없는 독서실에서 늘 얼음장과 같은 찬물로 씻어야만 했고 복학을 위한 등록금을 마련하기 위해 아래층에 있는 목욕탕도 한번 가본 적이 없다. 매일 아침 일하러 갈 때면 빵 하나와 우유 한 개로 끼니를 때우며 일을 했다. 이렇게 혹독한 겨울을 보내면서 '과연 내가 복학을 해서 신학공부를 다시 시작할 수 있을까? 나도 목사님이 될 수 있을까?" 혼란스러웠다. 하지만 말씀으로 그 혼란을 이겨낼 수 있었다.

> '주의 성도들아 여호와를 찬송하며 그의 거룩함을 기억하며 감사하라 그의 노염은 잠깐이요 그의 은총은 평생이로다 저녁에는 울음이 깃들일지라도 아침에는 기쁨이 오리로다' 시편 30:4-5

> '주께서 나의 슬픔이 변하여 내게 춤이 되게 하시며 나의 베옷을 벗기고 기쁨으로 띠 띠우셨나이다' 시편 30:11

# 반드시
# 목사가 될 것이다

신학교 등록일은 가까워 오는데 여전히 등록비와 생활비는 모자라 막막한 상태였다. 친구 이상직 전도사가 "무명의 후원자가 홍 형을 돕고 싶어 하는데 등록금을 지원하면 신학 공부를 계속 할 생각이냐"라고 말하였다. 그때 나는 뛸 듯이 기뻤다. 후원자가 누구인지를 알고 싶은 마음에 친구에게 물어봤지만 그 후원자가 자신을 밝히기를 원하기 않는다며 끝내 알려주지 않았다. 아름다운 무명의 헌신을 통해 오늘날 내가 목사가 되어 복음을 전할 수 있었다. 분명 그분은 하늘나라의 빛나는 면류관을 받았을 것이다. 하나님이 나를 목사로 만드시려고 저렇게 무명의 후원자를 보내어 주심을 확신하게 되자 '나는 신학을 공부하여 반드시 목사가 되겠다'며 새로운 영적 각오를 가졌다.

1981년 5월 12일 목사 안수 받을 때 (맨 뒷줄 왼쪽에서 세번째가 필자)

친구 전도사를 통해 받은 돈으로 학교에 등록하고, 기숙사에 등록하자 온 천하를 얻은 것 같았고, 하늘이 맑아 보였다. 광명한 빛이 내게 비추는 것 같았다. '이제 나는 다시 목사의 길을 가게 되었구나' 하는 마음에 너무 감사했다. 우리는 도봉산에 있는 기도원 바위굴 속에서 함께 기도를 하며 강하게 다짐했다.

'어설프게 신학교를 다니지 않겠습니다. 남보다 더, 더하겠습니다.'

독서실에서 가방을 챙긴 뒤 한 겨울을 버틸 수 있게 해준 고마운 닭털 침낭을 친구에게 돌려주었다. 한 손엔 가방 하나, 한손엔 시장에서 산 이불 보따리 하나를 들고 신학교 기숙사로 향하였다. 선지 동산인 신학교로 들어가기 전, 그러다가 순간 '이젠 세상과 이별이다. 오직 영적동산으로 들어간다' 는 생각에 마지막으로 영화관을 가고 싶어졌다. 영화관에서 영화를 보면서 지난날의 모습과 앞으로의 가는 길을 생각해보고 싶었다. 일반버스를 타고 가다가 무작정 내렸다. 가다가 무작정 마포에 있는 싼 영화관을 찾았다. 대낮이라 영화관에는 몇 사람 없었다. 가방과 이불보따리를 들고 영화를 관람하러 온 사람은 나밖에 없었지만, 이제 공부할 수 있다는 희망과 기쁨이 있었기 때문에 전혀 부끄럽거나 창피하지 않았다. 어두운 영화관에서 영화를 관람하였지만 영화의 내용이 아니라 지난날의 내 인생의 여정이 필름과 같이 뇌리를 스쳐가기 시작했다. 하나님이 기적으로 신학을 다시 시작하게 하셨으니 목숨을 걸고 공부하고 기도하여 목사가 되리라 다짐하고 또 다짐했다.

# 1%만 더,
# 더 하자

다시 복귀한 신학교 생활에서 공부도 중요했지만 영성의 깊이를 더하고자 했다. 그래서 남보다 무엇이든지 조금만 더, 더해야 한다는 마음으로 저녁 시간과 아침 시간에 한 시간 이상을 하나님께 무릎 꿇고 기도하는 일에 전념했다. 물론 아침에는 채플시간이 있었지만 그것으로 나는 만족하지 않았다. 채플이 시작되기 한두 시간 전에 먼저 기도를 한 후 채플에 참석하였다. 그런 기도시간을 통하여 엄청난 영적인 힘을 얻게 되었다.

한번은 새벽에 기도하는 가운데 요한복음 20장 17절의 말씀이 순간 살아 움직여 내 마음에 다가와 비수처럼 꽂혀 직접 내게 말씀하시는 것 같았다. 마치 예수님이 직접 나에게 “내 아버지가 기춘이 너의 아버지가 되시고, 내 하나님이 기춘이 너의 하나님이 되신다”

고 강하게 내게 들리면서 뜨거운 눈물이 터졌다. 나는 육신의 아버지가 안계시고 육신의 아버지로부터 도움을 받지 못하고 살았는데 하나님이 내 아버지가 되신다니 너무도 감격스럽고 감사해서 쏟아진 눈물이었다. '하나님이 내 아버지고 내 하나님'이라는 말씀이 나를 사로잡자 심장이 터지는 것 같았다. 눈물이 터지고, 기쁨이 터지고, 감사가 터지고, 환희의 춤과 함성이 터져 나왔다. 이 감격의 시간이 얼마나 흘렀는지 모른다. 얼마나 울었는지 모른다. 그러자 내 마음에 광명이 비치기 시작했고 한없이 행복했다. 그동안 아버지의 도움 없이 불행하게 살아왔던 나에게 '하나님이 내 아버지가 되시고 내 하나님이 되신다'는 강력한 말씀은 내가 얼마나 행복한 자인지를 깨닫게 되는 엄청난 사건이 되었다.

그 이후로 나는 하나님께 "아빠, 아빠…"라고 부르며 기도할 때면 육신의 아버지로부터 받지 못했던 자상하고 다정한 하나님 아빠의 음성을 듣곤 했다. 바로 그 분이 전능하신 하나님, 아버지였다. 남다른 1%의 기도를 하나님께 더 드림으로 순간순간 더 큰 은혜와 사랑을 받았다.

'예수께서 이르시되 나를 붙들지 말라 내가 아직 아버지께로 올라가지 아니하였노라 너는 내 형제들에게 가서 이르되 내가 내 아버지 곧 너희 아버지, 내 하나님 곧 너희 하나님께로 올라간다 하라' 요한복음 20장 17절

# 폐결핵
# 중증에 걸리다

## 어두운 절망의 그림자

내가 신학교를 다니던 당시에는 신학교를 졸업하기 전 많은 사역자들이 결혼을 해야만 했다. 총각 전도사가 목회지에 갈 때 혹시라도 있을지 모를 처녀들과의 스캔들을 사전에 방지하기 위한 것이었는지 모른다. 시골에 있는 교회들도 미혼의 남 전도사들은 받아들이지 않았고 원하지 않았다. 그래서 대부분의 신학생들은 졸업 전에 결혼을 하여 목회지로 나갔다. 우리 교단 법은 목사님이 되기 위해서는 전도사 시무 3년 과정 중에 2년간은 단독으로 가서 목회를 해야 했기에 결혼은 당연한 과정이었다. 졸업학년이 되던 봄에, 내가 섬기는 교회에서 한 분으로부터 처음 소개 받아 만난 자매가 지금의 아내다. 몇 개월간의 만남 속에서 내가 신학교를 졸업하면 교회를 맡아야 하기 때문에 결혼을 해야만 했다. 가을이 되어 결혼 일자를 정하고 결혼 광고까지 다 해놓았다. 결혼 몇 달 전부터 이상하게도 나의 몸은 야위어만 갔고 몸무게가 50kg도 못나가게 되었다. 그럼에도 병원에 가서 진료 받을 형편이 못되어 나의 몸은 계속 말라가기만 했다.

결혼 5일을 남겨둔 어느 날, 몸 상태가 너무 안 좋아 무료로 진찰해 주는 보건소를 찾았다. 내 말을 들은 의사는 엑스레이를 한번 찍어보더니 고개를 갸우뚱거렸다. 그리곤 다시 큰 엑스레이로 정밀하게 찍자고 했다. 초조하게 기다리고 있던 내게 의사는 청천벽력 같은 말을 했다.

"당신은 지금 폐결핵 양성 중증에 걸렸습니다."

음성도 아닌 양성 폐결핵이라고 했다. 중증이라는 것은 이미 심각한 상태까지 발전된 것이었다. 폐결핵을 치료하기 위해서는 2년 동안 약 복용과 주사를 맞아야 한다고 했다. 나는 그 의사에게 이제 5일후면 결혼하게 될 것이라는 자세한 내용을 말했다. 그러자 그 의사는 이렇게 말했다.

"당신은 결혼하면 안 됩니다. 결혼하면 죽습니다. 결혼보다 치료를 받고 요양을 해야 살 수 있습니다. 파혼해야만 됩니다."

하늘이 무너지고 땅이 꺼지는 것 같았다. 그동안 어렵게 달려온 내 인생길이 여기서 무너지는 듯한 순간이었다. 절망의 산을 넘고 넘어 달려왔는데 결혼 5일을 남겨두고 폐결핵 중증이라니 억울하고, 통탄스러웠다. 혼자 고학하며 살아오느라 몸을 돌볼 틈이 없었기에 이러한 병이 찾아올 때까지 알지 못한 것이 답답하고 한스럽기까지 했다.

"지금 병자라는 이유로 파혼하면 아내가 될 사람의 집안은 무엇이 되며 나는 목회지로 나가보지도 못하고 쓰러진단 말인가?"

이러한 절망 가운데서도 나는 마음을 새롭게 가다듬고 정신을 차렸다. 폐병 중증 환자로 쓰러져 세상을 원망하고 환경과 가문을 원망하며 저주해본들 나에게는 아무런 이익이 없음을 알기에 하나님의 능력을 믿고 결혼을 해도 죽지 않으리라는 확신을 가졌다. 하나님이 나를 치료해 주실 줄을 믿었다. 출애굽기 15장 26절의 말씀을 믿었다. 나를 온전하게 치유하신 하나님의 은혜로 말미암아 그 이후로 평균 70kg을 유지하며 세계 어느 곳을 다녀도 시차와 상관없이 건강한 몸으로 복음을 전하는 목사가 되었다.

'나는 너희를 치료하는 여호와임이라' 출애굽기 15장 26절

# 결혼,
# 그리고 삼각산 기도원의 첫날밤

나는 결혼에 대한 생각조차도 못할 처지였다. 결혼을 해야 전도사로 나갈 수 있는 것이 교단의 법이었지만 결혼할 수 있는 여건이 내겐 하나도 없었다. 돈도 없고 아내를 맞이하여 가정을 이끌어 나갈 형편도 아니었다. 겨우 신학 공부를 마치는 상황이었기 때문에 결혼이라는 것은 오히려 내게 큰 짐으로 다가왔다.

졸업을 몇 달 남겨두고 있던 내게 교회의 한 성도가 한 자매를 소개해 주었다. 처음 만난 곳이 덕수궁 돌담길에 있던 지하 다방이다. 첫 인상이 매우 순수하고 신앙심이 돈독하게 보였다. 만남은 그렇게 시작되었고 만나면서 나는 나의 모든 것을 솔직하게 말해주었다. 가진 것은 없지만 단 한 가지 내게 있는 것은 앞으로 주의 종이 되어 하나님의 일을 하겠다는 사명뿐이라고 솔직하게 말하였다. 아내에게도 고민이 있었다는 사실을 결혼 후에야 알게 되었다. 아내는 내가 괜찮은 신학생이라 생각을 했지만 경제적으로 너무 어렵고 고아처럼 자란 환경이 문제가 되지 않을까 고민을 했다고 한다.

결혼하려고 막상 생각해보니 돈 많이 안들이고도 결혼할 수 있겠다는 생각이 들었다. 내가 섬기는 교회에서 결혼식을 한다면 예식장 비용이 들지 않을 것이고, 성도님들이 축의금을 조금이라도 내어주실 것이며 주례 목사님께는 작은 선물로 인사드리면 그렇게까지 결혼비용이 없어도 될 것 같아 보였다. 그러나 신부를 위한 예물이 문제였다. 그래서 제안했다.

"예물로 시계 한 개와 옷 한 벌만을 해줄 것이니 나에게도 시계 한 개와 옷 한 벌만 해주시면 됩니다. 다만 시계나 옷은 좋은 것으로 살 수 있는 능력이 없으니 싼 것으로 합시다."

결혼사진은 내가 섬기고 있던 교회 집사님이 카메라로 흑백사진을 찍어준다고 하여 사진관 걱정은 하지 않아도 되었다. 남대문 시장으로 가서 싸구려 시계 한 개와 옷 한 벌을 사가지고 예물로 전해주었다. 그것이 예물의 전부였다. 결혼반지 하나 제대로 사주지 못했다. 지금 돌이켜 보면 너무 엉터리로 결혼했다. 그런 나를 이해하고 따라 준 아내에게 감사할 뿐이다.

결혼식을 올린 후, 아내가 근무하고 있던 천호동 변두리 쪽에 방 한 칸을 얻었다. 아내는 내가 목회지로 파송되기 전까지 일을 다녔다. 결혼식은 올렸으나 신혼여행을 떠날 비용이 없었기 때문에 처가에는 당시 신혼여행지로 잘 알려졌던 온양온천으로 간다고 거짓말을 하고 우리는 삼각산 기도원으로 갔다. 첫날밤을 삼각산 기도원에서 보냈다. 은혜와 성령이 충만하여 삼각산 기도원으로 간 것이 아니라, 신혼여행 갈 돈이 없어서였다. 지금도 이 생각을 하면 아내에게 미안하고 아픔이 있다. 그래도 웃음을 잃지 않고 함께 해준 아내가 표현할 수 없을 만큼 고맙기만 하다.

훗날 결혼 30주년이 되던 해인 2006년, 뉴질랜드 북섬 오클랜드와 남섬 Christ Church로 부흥회를 인도할 때 아내와 함께 가게 되었다. 인천을 거쳐 뉴질랜드로 가는 여정이었다. 인천공항에

아내와의 뉴질랜드 여행

브라질의 리오데자네이루에서

서 비행기를 갈아타려 할 때 탑승구에서 우리의 일반 좌석을 비즈니스 클래스로 변경시켜주었다. 부흥회를 마치고 돌아올 때도 우리가 가지고 있던 마일리지를 사용하여 비즈니스 클래스로 멋지게 돌아왔다. 이 모든 일이 신혼여행다운 여행을 하지 못한 우리에게 하나님께서 베풀어 주시는 구혼여행이라고 서로 웃으면서 말하면서 감사했다. 마침 2006년이 우리 결혼 30주년이 되던 해였기에 여러 면으로 의미 있고 가슴 벅찬 여행이 되었다. 신혼 초에 고생한 아내에 대한 미안함으로 한국을 제외한 세계 각국에 해외집회를 가게 될 때는 거의 아내와 함께 가곤 한다. 아내는 말하곤 한다.

"하나님의 은혜로 이렇게 세계를 다녀서 이젠 원도 없습니다."

# 나의 가족

## 아내의 아픈 다리

강원도 귀래교회를 떠난 후 서울 가락교회를 개척할 때에는 쉼 없이 전도를 해야만 했다. 당시 가락동에 개척한 교회 주변은 엘리베이터가 없는 아파트촌이었다. 전도를 하기 위해 매일 1층부터 5층까지 오르락내리락 해야만 했다. 그러나 아파트를 찾아다니며 전도하지 않으면 우리 교회의 형편상 새 신자를 얻기가 매우 어려웠다. 다른 교회는 성도들이 있어서 전도가 수월했지만 우리 교회는 성도 없이 개척을 해야 했기에 아내와 내가 직접 뛰어야만 했다. 아파트를 향한 전도의 발길을 멈추지 않았다. 하루에도 수백 호를 방문하는 아파트 전도의 강행군 속에서 아내는 점차 다리통증을 호소

하기 시작했다. 그러나 도저히 쉴 틈이 없는 상황이었기에 계속해서 아파트 전도를 미친 듯이 다녔다. 그 때 무리한 강행군으로 인하여 아내의 상한 무릎은 지금까지 그 후유증이 남아있다.

반면 폐결핵 중증에서 하나님이 치료해 주심으로 건강함을 얻은 나는 놀랄 정도로 좋아졌다. 너무도 하나님의 은혜에 감사해서 더욱 더 열정을 가지고 뛰어다녔다. 나의 이런 열정을 쫓아오느라 아내는 힘들어 하면서도 늘 기쁨으로 사역에 동참했으며 한 번도 불평하거나 원망하지 않았다. 아내는 늘 믿음으로 협력해준 나의 유일한 평생의 동역자다.

## 생사를 넘나든 아내

미주 성결교회 총회장으로 봉사하던 2008년 가을이었다. 샌프란시스코로 부흥회를 인도하러 갔다. 부흥회를 마친 후, 그 교회 담임 목사님 내외와 장로님 내외 그리고 우리 부부는 아이다호 근교의 온천으로 갔다. 무성한 나무숲으로 이루어진 야외 온천탕은 나무에서 뿜어 나오는 맑은 공기와 함께 유황온천의 냄새가 코를 찔렀다. 함께 온천탕에 있던 아내가 일어나서 혼자 옆쪽의 다른 온천탕으로 갔다. 그리고 얼마 후에 큰 소동이 일어나고 사람들이 뛰어가고 몰려가기 시작했다. 그래서 무슨 일인가 하고 일행과 함께 그곳으로 가보고 나는 깜짝 놀라지 않을 수가 없었다.

어느 미국인이 온천탕에서 아내를 건져내고 있는 것이었다. 아내는 완전히 죽어 있었다. 그 미국인은 인공호흡과 심폐소생술을 하며 모든 노력을 기울이고 있었다. 그러나 아내는 숨조차 쉬지 않았다. 아마도 아내는 온천탕 안에서 5~6분 정도 가라앉아 있었던 것으로 추정되었다. 그렇게 30분을 계속해서 응급처치를 하며 안간힘을 다하고 있을 때 네바다 주의 가장 큰 르노 병원에서 온 헬리콥터가 도착해 응급실로 긴급후송을 하였다. 의사들은 사람이 5~6분 이상 물 속에 있으면 뇌에 산소공급이 안되어 대부분 죽거나 만약 살아도 뇌사상태로 되는 것이 일반적인 사례라고 설명하며 가능성이 거의 없다고 말했다. 실제로 당시 아내는 뇌사 상태였고, 중환자실에서 수많은 의료 기구를 달고 누워 있었다. 뇌사상태로 계속 갈 것인지 아니면 죽을 것인지는 의사들도 섣불리 판단할 수 없었다. 다음날 아침에 뇌 전문 박사가 와야만 아내의 상태를 상세히 알려줄 수 있을 것이라고 했다.

그래서 나는 중환자실의 옆 침상에 앉아서 아내를 물끄러미 쳐다만 보았다. 나를 만나서 너무 많이 고생했고, 많은 고난의 길을 걸어온 아내가 이대로 간다면 너무 가엽고 불쌍하다는 생각이 들었다. 또 내가 힘든 목회의 길을 달려오면서 많은 죄를 아내에게 지은 것 같아서 슬펐다. 너무 많은 고생과 가난만을 안겨 주었던 것들이며 잘 해주지 못했다는 죄책감이 몰려왔다. 나는 뇌사상태의 아내가 듣든지 못 듣든지 상관없이 이렇게 마지막이라도 용서를 빌고 싶었다.

“여보 참으로 미안하오. 당신에게 잘해 주지 못한 것이 너무 많습니다. 정말로 미안해요. 빨리 깨어서 일어나기를 바랍니다.”

멀리 있던 아이들은 엄마 소식을 듣고 황급히 달려오는 중이었다. 아내의 몸에 부착되어 있는 의료기구들은 수많은 그래프의 기록들을 내어놓고 있었다.

새벽녘이었다. 갑자기 “뽕~”하는 길게 울리는 큰 기계음 소리가 났다. 깜짝 놀라 순간적으로 의료기구들을 쳐다보니 그래프에 큰 변동이 생겼다. 얼른 나는 아내를 쳐다보니 전혀 움직임이 없던 아내의 눈꺼풀이 약간 움직일 듯 말 듯하는 것을 감지할 수 있었다. 얼마의 시간이 흐르자 눈꺼풀이 조금씩 움직이기 시작했다. 아내는 그렇게 기적적으로 회복되어 살아나기 시작했다. 그 이후 간호사에게 ‘뽕~’하는 소리가 무엇이냐고 물으니 숨이 돌아올 때 순간적으로 내품는 재채기와 같은 현상이라는 것이었다. 그 때 나는 순간 열왕기하 4장의 말씀이 생각났다. 엘리사가 수넴 여인의 아들이 죽었을 때, 아이 위에 올라가 엎드려 기도하였더니 아이가 재채기를 하고 살아났던 것처럼 아내도 재채기를 하고 살아난 것이라고 믿었다.

하나님은 아내를 살리시려고 모든 것을 세밀하게 준비하고 계셨다. 아내가 살아난 후에 알고 보니 처음에 물에 빠져 죽어있던 아내를 응급 처치하여 고비를 넘기게 한 미국부부는 캘리포니아 주에서 현직 인명구조를 하고 있는 전문가로서 휴가차 그 온천에 온 것이었다. 그분들의 전문 응급처치가 없었더라면 아내는 살지 못했을 것이다. 또 헬리콥터가 와서 신속하게 네바다 주에서 가장 큰 병원으로 이송하고 치료하는 과정이 없었더라면 살아나지 못했을 것이다. 모든 비용이 당시 약 20만 달러가 되었다. 이 금액은 실로 어마어마한 돈이었다. 미국의 의료보험은 한국과 비교할 수 없을 정도로 비싸서 미국에서 나와 아내는 보험을 들지 못했다. 그러나 아내가 사고 나기 불과 1~2년 전 교회에서 종합보험을 들어줌으로써 아내의 어마어마한 병원비용을 모두 보험으로 해결할 수 있었다.

만약 휴가차 온 인명구조 대원 부부가 없었다거나 보험이 없었다면 너무나 아찔한 순간이었을 것임을 생각할 때 모든 것을 때마다 예비해 놓으신 '여호와 이레' 하나님의 은혜가 감사할 뿐이다. 그렇게 어려움에서 살아난 아내는 지금까지 정신적으로나 육체적으로나 아무런 후유증 없이 건강하게 살고 있으니 주님을 위해 헌신한 그 결과를 하나님께서 기적으로 보상해 주신 것으로 믿고 있다.

'아브라함이 그 땅 이름을 여호와 이레라 하였으므로 오늘날까지 사람들이 이르기를 여호와의 산에서 준비되리라 하더라' 창세기 22:14

## 흙강아지 같은 두 아이

서울에서 개척하는 나와 아내에게 가장 큰 어려움은 함께 심방하며 도와줄 신자가 없는 것이었다. 나 혼자 젊은 여자들이 있는 아파트 집을 방문해 전도를 할 수 없었기에 아내는 항상 나와 함께 해야 했다. 그러한 전도 심방에 5살된 아들과 3살 된 딸을 데리고 갈 수는 없었다. 그래서 아이들을 흙바닥으로 된 아파트 놀이터에 과자 한 봉지씩을 쥐어주고 잘 놀고 있으라고 했다. 엄마 아빠가 빨리 다녀올 테니 싸우거나 울지 말고 사이좋게 지내고 있으라고 단단히 이르고 가지만 아는 사람 하나 없는 흙 마당 놀이터에 어린 두 아이가 놀기에는 너무도 긴 시간이었다. 마음이 놓이지는 않았지만 주님이 돌보아 주실 것을 믿고 하나님께 아이들을 맡기고 열심히 전도심방을 하고 돌아 다녔다.

심방 후 우리가 돌아와 보면 두 아이는 얼굴과 양손에 흙이 묻어 마치 흙무더기 속에서 뒹굴던 흙강아지처럼 보여 너무 마음이 안쓰러웠다. 아이들이 부모 없이 놀기에는 너무나 긴 시간이었기 때문에 울었던 얼굴에는 흙이 범벅이 된 눈물 자욱이 두 줄 나있곤 했다. 되돌아오는 나와 아내를 보고 흙으로 범벅이 된 두 손과 얼굴로 품에 안길 때에는 마음이 아팠다. 목사의 자식들이기에 어린 아이들까지 고난을 당한 것 같았다.

## 희생당한 목사의 자녀

어려운 교회를 건축하느라 모든 것을 드리며 예수님을 위해 희생과 헌신을 하다 보니 자식들에게 신경을 쓸 여유가 없었다. 어릴 때부터 우유 하나도 제대로 먹이지 못하고 키웠다. 아이들이 원하는 것들을 사주며 양육할 형편이 아니었다. 가끔 아이들이 물었다.

"왜 우리집은 가난합니까?"

"목사님 가정의 자녀들은 성도들 가정의 자녀들과는 달라야 한다."

서울에서 교회 성전빌딩을 구입할 때, 방 세 칸짜리 아파트에서 두 칸짜리로 줄여 남은 금액을 교회의 건축헌금으로 바쳤다. 아들과 딸이 각각 쓰던 방을 둘이 같이 쓰게 되자 아들과 딸은 처음에는 볼멘소리를 하였다.

"나는 어디서 자고 공부해야 하나요?"

"너희들의 방이 없는 것은 하나님의 교회를 세우기 위한 것이란다. 나중에 하나님께서 너희를 축복하실 것이다."

"알았어요."

지금 다시 생각해도 아빠와 엄마에게 반항하지 않고 잘 따라준 아이들이 대견스럽기만 하다. 자신들의 의견과는 상관없이 주님의 성전을 세우기 위해 목사인 부모의 뜻에 따라서 희생한 두 아이들에게 후에 하나님께서 축복해 주셨다. 마가복음 15장 21절에 보면

억지로라도 예수님의 십자가를 지고 간 구레네 시몬을 보시고 하나님은 그 아내와 두 자녀인 알렉산더와 루포를 축복하신 것처럼 우리 두 아이도 축복하셨다. 아들 현민이는 버지니아에 살면서 미국인을 상대로 하는 비즈니스를 경영하는 회사의 대표가 되었다. 그리고 경제상황이 어려운 미국의 경제 상황 속에서도 번창하는 축복을 받았다. 딸 윤경이는 영적인 축복을 받아 목사의 사모가 되어 메릴랜드 주에서 살고 있다.

'마침 알렉산더와 루포의 아버지인 구레네 사람 시몬이 시골로부터 와서 지나가는데 그들이 그를 억지로 같이 가게 하여 예수의 십자가를 지우고'

마가복음 15장 21절

가족 사진

1%만 더
Go Again

**초판 1쇄 발행** 2014년 3월 1일

**지 은 이** 홍피터
**펴 낸 이** 김금실
**디 자 인** 이지선
**펴 낸 곳** 북앤미(Book&Me)
**출판등록** 2010년 10월 19일 제321-2010-000212호
**주　　소** 서울시 서초구 동산로 6길 2, 602호
**대표전화** 070-7766-9500
**이 메 일** book9500@naver.com

ISBN 978-89-966060-4-8 03230

이 책의 성경 본문은 개역개정판을 사용했습니다.

책값은 뒤표지에 있습니다.
잘못된 책은 구입하신 곳에서 바꿔드립니다.